Dagboken

Laura Trenter & Katrin Jakobsen

Dagboken

TIDEN

Läs också

Hjälp! Rånare!
Det brinner!
Pappa polis
Snögrottan
Julian och Jim
Fotoalbumet
Puman

Tiden
Box 2052
103 12 Stockholm
www.tiden.se

© Text: Laura Trenter 2005
© Bilder: Katrin Jakobsen
Omslag: Katrin Jakobsen
Tryckt hos MediaPrint AB, Uddevalla 2005
ISBN 91-85243-22-1

Tiden ingår i
P. A. Norstedt & Söner, grundat 1823

1. Det är någonting mycket märkligt med Micke. Gilbert har alltid vetat det.

Ända sedan mamma träffade honom för drygt ett år sedan har han känt på sig att allt inte står riktigt rätt till. Och det är inte bara det att Mickes förra fru dog under mystiska omständigheter eller att han har en hel del märkliga jobb – som till exempel att köra lyxjakter åt rika gamla gubbar från Florida till olika öar i Västindien. Det är något annat också. Någonting som Gilbert inte riktigt kan sätta fingret på.

Och nu ska han till råga på allt tvingas fira jul och nyår tillsammans med Micke och mamma på en av de där skumma båtarna. Tur att Linn och hennes familj också ska med. Det får honom i alla fall att känna sig lite mindre orolig.

Han sparkar till väskan och börjar gå igenom garderoben för femtioelfte gången.

Egentligen skulle de ha åkt skidor allihop. Det hade varit lite bättre. Då skulle det åtminstone ha varit snö. Och snö och jul hör ihop, det anser Gilbert från djupet av sitt hjärta. Men sedan fick Micke det där jobbet med lyxkryssaren som skulle seglas till Saint Barthélemy i Västindien. Gilbert var överlycklig. En jul hemma, med eller utan snö, men med bara honom och mamma. Sedan lyckades Linns familj förstås övertala honom om att ta med allihop på den där båten. Micke tvekade länge och Gilbert hoppades. Men till slut blev det naturligtvis som alla andra ville. En jul utan snö – och inte ensam med mamma, med andra ord. Så vad behöver han egentligen ha med sig?

"Det är väldigt varmt." Okej, shorts och linne.

"Vi kommer att bada mycket." Okej, handduk, badbyxor.

"Ibland kommer vi att gå på fin restaurang." Okej, kläder som inte är trasiga.

Men sedan då? Resten? Hur ska Gilbert kunna veta vad han ska ha med sig? Och mamma bara vägrar att hjälpa till, eller lägga sig i, som hon kallar det, eftersom Gilbert har blivit så stor och bör börja klara sig själv. Han sparkar till väskan igen. Alltihop är Mickes fel. Mamma höll aldrig på så här innan hon träffade honom. Då var det Gilbert och mamma. Nu är det Micke och mamma. Ilsket sliter han ut en extra t-shirt ur garderoben och slänger ner den i väskan. Sedan tar han ut alla kalsonger som råkar vara rena och alla strumpor som råkar vara rena och lägger dem på sängen. Han sparkar till garderobsdörren och hoppar högt när det knackar på dörren.

– Hej, min älskling, säger mamma och kommer in utan att han har svarat.

– Mamma, säger Gilbert surt. Jag sa inte att du fick komma in.

– Oj, förlåt, säger mamma utan att se ut som om hon bryr sig det allra minsta. Men du, du måste bara lyssna på det här.

Hon sätter sig på sängkanten, så att strumporna och kalsongerna som Gilbert lagt fram hamnar på golvet. Sedan börjar hon läsa ur en av böckerna som hon lånat på biblioteket.

– Saint Barthélemy är en mil lång och tre kilometer bred, är det inte sött? Och du vet att det var svenskt, va? I nästan hundra år?

– Ja, du har sagt det förut. Ungefär femton gånger, säger Gilbert.

Mamma bryr sig inte om hans svar utan fortsätter:

– De flesta forskare är överens om att öarna runt om började befolkas cirka tretusen till tvåtusen år före Kristus. Norrifrån kom då arawakerna, ett indianfolk, som livnärde sig på jordbruk och fiske. De tidigaste fynden är fiskben, snäckskal och sjöborre. Intressant?

Gilbert nickar och försöker verkligen se intresserad ut. Han är inte helt säker på att han lyckas. Men det spelar inte så stor roll för mamma verkar i alla fall inte se honom.

– För cirka tusen år sen kom kariberna, ett ståtligt men krigiskt indianfolk söderifrån. De överföll arawakerna och dödade och åt upp alla deras män och söner. Men kvinnorna behöll de för egen räkning. Därefter talades det två språk på öarna. Kvinnorna vägrade nämligen att tala karibiska …

– Vad sa du att de gjorde? undrar Gilbert upprört.

– Vägrade tala karibiska, säger mamma.

– Nej, säger Gilbert. Jag menar det andra!

– Kariberna åt upp deras män och barn så det var därför kvinnorna inte ville inte prata samma språk sen, upprepar mamma otåligt.

– De borde ha slagit ihjäl dem!

– Ja, visst är det hemskt, säger mamma. Och hör på det här då: Kariberna var mycket skickliga med pil och båge – de doppade pilarna i den vita giftiga saften från en äppelliknande frukt från manzeniljträdet som fortfarande växer på bland annat St Barth och de var så blodtörstiga att deras namn Karib eller Karibal ligger till grund för ordet kannibal. Columbus var den första europé som såg ön. Han seglade förbi och döpte den efter sin bror Bartholomeo. Men han gick inte ens i land. Är det inte fascinerande?

Gilbert himlar med ögonen och mamma börjar bläddra i en annan bok.

– Det här måste du bara höra. Den franska humoristen Jules Renard, vet du vem det är? tillägger hon.

Gilbert skakar ointresserat på huvudet.

– Inte jag heller, erkänner mamma. Men strunt samma, han skrev i alla fall så här i en artikel: Paradis finns inte på jorden, utom på ett fåtal ställen. St Barth är ett av dem.

Hon lägger ner boken i knäet och ler fånigt rakt ut i luften.

– Är det inte fantastiskt? säger hon drömskt. Och dit ska vi!

– Fantastiskt, härmar Gilbert inför mammas döva öron.

Då ringer telefonen. Han är räddad. Han rusar ut, nerför trapporna och svarar andfådd i telefonen i hallen.

– Är du färdig? undrar Linn i andra änden.

– Färdig? upprepar Gilbert förvånad.

Vad kan det spela Linn för roll om han packat färdigt?

– Nej, jag har några grejer kvar att packa. Jag blev lite försenad ...

– Jag menar inte färdig så, avbryter Linn.

– Nehe, säger Gilbert ännu mer förvånad. Sedan kommer han på det. Jo, ja, det är klart att jag är färdig, skrattar han. Helt slut faktiskt.

– Det är du ju alltid, säger Linn torrt. Jag menar färdig att hälsa på Greta?

Gilbert blir alldeles kall inuti. Javisst, ja. Greta. De skulle ju dit med julklappar i kväll. Det hade han helt glömt. Men han hämtar sig snabbt.

– Ja, nästan ..., ljuger han.

– Bra, säger Linn. Jag är hos dig om fem minuter.

Gilbert harklar sig.

– Kanske en kvart, säger han försiktigt. Jag måste hjälpa mamma med en grej.

– Okej, då kommer jag om en kvart, säger Linn och lägger på luren.

Gilbert pustar ut, men i nästa sekund inser han plötsligt hur bråttom han har. Han måste hinna duscha och dessutom slå in paketet. Och om det är något han inte är världsbäst på så är det just att slå in paket.

– Mamma, ropar han. Jag måste iväg snart. Men det är ingen fara. Jag är nästan klar, så jag packar färdigt sen.

Han väntar inte på svar utan kastar sig in i duschen och sätter på det varmaste han kan. Det är nästan det bästa han vet att duscha så varmt att det riktigt bränner i skinnet. Sedan ångrar han sig och skruvar ner värmen lite. Han vill ju inte eftersvettas när Linn kommer. Han tvålar in sig och sköljer av sig på mindre än två minuter, slänger på sig badrocken och rusar ut i övre hallen.

– Mamma! vrålar han så att rösten bryter. Mamma, var har vi julklappspapper?

– I köket! ropar hon från köket. Vart var det du skulle sa du?

Gilbert snubblar nerför trappan.

– Till Greta, upplyser han.

Mamma nickar.

– Vad dum jag är, säger hon. Det visste jag ju redan.

– Jag också. Men jag hade glömt, erkänner Gilbert.

Mamma ler och plockar fram papper och snören ur en låda i städskåpet.

– Det förvånar mig inte en sekund, säger hon. Det är ju rätt mycket just nu.

Gilbert håller med. Mer än hon anar.

– Nästan för mycket, instämmer han och tycker själv att han låter lite konstig på rösten.

Men mamma märker fortfarande ingenting.

– Vad har du Gretas klapp då? undrar hon. Vill du att jag ska slå in den?

Han ger henne en tacksam blick och håller fram kartongen med alla bitar som så småningom kan bli ett helt pepparkakshus.

– Tack, mamma. Jag ska aldrig glömma det.

Hon ler igen.

– Jo, det låter det, säger hon. Du hade ju just precis glömt att du skulle till Greta. Sedan tittar hon tveksamt på pepparkakskartongen. Ska du ge henne det här?

– Vadå då?

– Tja, jag vet inte. Det verkar kanske lite …

– Linn tycker inte heller att det är nån bra idé, avbryter Gilbert utan att låta mamma prata klart.

– Det kan jag nog tro, svarar mamma. Vad ska hon ge?

Gilbert blänger på henne.

– En diktsamling med dikter som hon skrivit själv.

– Det låter som Linn, säger mamma. Och som en ganska bra julklapp.

– Det är väl ändå tanken som räknas, svarar Gilbert.

– Ja, säger mamma. Det är just det. Men ge mig kartongen så ska jag slå in den. Du kan ju gå dit upp och slå in dig själv så länge.

Hon väntar en stund på att han ska visa att han har fattat.

– För du tänker väl inte åka dit i badrock? säger hon när ingen reaktion kommer.

Gilbert ger henne kartongen och en svart blick.

– Tack, säger han men låter inte hälften så tacksam som förut.

Han rusar upp till sitt rum och klär på sig medan han funderar över tjejers och mammors märkliga idéer om hur julklappar ska vara. Sedan minns han plötsligt ringen som han gjort i slöjden. Den är inte särskilt fin. Rätt misslyckad helt enkelt. Men han har gjort den själv. Och det är ju tanken som räknas. Han stoppar den i jeansfickan och rusar tillbaka ner till hallen.

Linn står vid ytterdörren och väntar på honom. Mamma står bredvid med Gilberts paket i högsta hugg. De ger varann en blick som får Gilbert att känna sig både utanför och fullständigt värdelös.

– Hej, säger han svalt och kramar handen runt den fula ringen i fickan.

Greta kommer att förstå honom, intalar han sig själv. Greta kommer att bli glad. Men sanningen är att han inte är riktigt säker.

– Hej, säger Linn. Är du klar?

– Jag ska bara sätta på mig jackan, svarar Gilbert och kan inte rå för att han låter snäsig.

– Då drar vi.

– Visst.

Gilbert kränger på sig jackan och följer efter henne ut på trappan. Men han stannar till och vänder sig om i dörren.

– Var är Micke? frågar han mamma.

– Han är väl hemma och packar, förmodar jag. Han hämtar oss i morgon bitti. För vi åker ju rätt tidigt. Vid halv sex.

Gilbert himlar med ögonen igen.

– Jag vet, stönar han. Jag har nästan packat klart! Jag hinner!

– Vad bra då, säger mamma. Då ses vi i morgon bitti. Väldigt tidigt! Hälsa Greta.

2. Linn väntar in honom på garageuppfarten.

– Det är en helt okej present, säger hon. Alltså pepparkakshuset.

Gilbert hummar.

– Ja, men som du sa med Greta och häxa och pepparkakshus, fortsätter Linn. Hon kommer säkert att uppskatta det. Hon är just rätt typ att förstå sig på en sån julklapp.

– Vi får väl se, säger Gilbert dovt. Okej, då drar vi.

Han sätter fart och kommer långt framför henne. Han känner sig lite taskig, men han behöver verkligen få vara i fred. Just nu vill han bara känna kall vind i ansiktet och slippa prata en massa i onödan. Slippa förklara vad han tycker och tänker och känner hela tiden. Slippa försöka förklara vem han är. Det verkar i alla fall inte hjälpa. Men friden varar inte länge. Snart är Linn ikapp honom. Och nu är hon arg. Riktigt arg.

– Stopp! Stanna! skriker hon och mer eller mindre prejar honom av vägen. Bara för att du är sur för att din mamma har träffat Micke och har nån mer att bry sig om än dig. Bara för att du inte längre får ha henne helt för dig själv! Bara för det behöver du inte kasta skit på mig!

– Men det var inte det, stammar Gilbert och inser att hon har rätt. Det var …

– Du skyller alltid på nåt annat, svarar Linn.

– Men det var faktiskt pepparkakshuset.

– Nej, det var inte pepparkakshuset! För jag sa att det var okej att ge pepparkakshuset.

Hon blänger på honom.

– Grejen är den att du inte tål att nån har nån annan uppfattning än du nu för tiden.

Sedan slänger hon sig på cykeln och hamnar långt framför honom.

Gilbert trampar efter och inser att det där med den kalla vinden i ansiktet och slippa prata en massa i onödan, det känns inte alls på samma sätt när någon argsint cyklar framför. Efter något som känns som sju svåra år, eller ännu längre, skymtar äntligen Gretas hus mellan de höga träden framför honom. Då är Linn redan där.

Men det spelar ingen roll. Bara synen av Gretas lilla stuga med halmtak gör honom lugn och varm inuti. Han kommer aldrig att glömma första gången han var där. När han hade skrivit en dikt till Linn och hela klassen skrattade ut honom. Han cyklade iväg i regn och blåst och snömodd och körde omkull inte långt ifrån Greta. Hon räddade honom den gången. Han fick sitta i värmen framför hennes vedspis medan hon gav honom örtte och plåstrade om honom.

Först tyckte han att hon var läskig. Hon visste en massa om sånt som hon inte borde ha kunnat veta och kände på sig saker som hon inte borde ha kunnat känna på sig. Gilbert tyckte att hon påminde mycket om en häxa. Det gör hon för all del fortfarande, men en snäll häxa. Och om det är något han vet alldeles säkert, så är det att hon bryr sig lika mycket om honom som han bryr sig om henne. Det vill säga väldigt mycket.

Han ställer ifrån sig cykeln bredvid Linns alldeles innanför det gröna staketet, går förbi det lilla utedasset med alla tidningsurklipp på väggarna och fortsätter fram till Gretas stuga. När han öppnar dörren slår dofterna emot honom. Det luktar crêpes, franska pannkakor, och varm choklad blandat med Gretas torkade kryddor och örter.

Greta öppnar innan han hunnit knacka.

– Välkommen in, säger hon, tar emot hans jacka och hänger upp den på en av krokarna i hallen. Och klapp har du med dig ser jag, tillägger hon med nöjd röst och tittar intresserat på paketet som Gilbert håller i handen.

– Ja, säger Gilbert tveksamt. Men det är väl tanken som räknas.

– Det kan du hoppa upp och sätta dig på, säger Greta tvärsäkert. Men kom in, unge man. Crêpes håller sig inte hur länge som helst.

– Problemet med Gilbert är just att han inte tänker, mumlar Linn inifrån köket.

– Och du, min unga dam, ska inte prata på det viset, säger Greta tillrättavisande. I dag är det lilla julafton, kan man säga. Och då, om ingen annan gång, ska vi väl ändå kunna hålla sams.

– Du har rätt, Greta, säger Linn omedelbart. Förlåt, Gibbe, för att jag blev så arg.

Gilbert nickar utan att egentligen ha hört vad hon sagt. Han har fullt upp med att beundra Gretas kök. I den gamla vedspisen sprakar en brasa och gungstolen har fått flytta ut för att ge plats för en liten gran med levande ljus, pepparkakor och polkagrisstänger. Under den ligger deras julklappar. Gilbert lägger dit sin också och sedan sätter han sig vid bordet. Greta har dukat upp som vanligt. Olika sorters bröd, pastejer, korvar, ostar, sylt, grädde. Men det bästa är ändå crêpesen.

Och bästa tillbehören finns naturligtvis också. Citron och socker.

– Skål och välkomna då, säger Greta och höjer sin kopp med örtte.

Gilbert och Linn skålar tillbaka i varm choklad. Sedan kastar de sig över allt gott som Greta ställt fram.

När de är så mätta att de nästan spricker börjar julklappsutdelningen. Och Gretas klappar har rim, naturligtvis.

– Till Gilbert, börjar hon och läser från ett fyrkantigt platt paket. *Väx nu i din fantasi. Men själv ska Gilbert ej sån bli.*

Han tar försiktigt bort lacken och öppnar det bruna paketet.

– *Skattkammarön*, säger han förvånat.

– Ja, den har du ju inte läst än, säger Greta.

Hon har rätt som vanligt och Gilbert har slutat förvåna sig över att hon alltid vet saker om honom som ingen berättat.

– Och den här är till dig, Linn, fortsätter Greta och tar upp ett liknande paket. *Av vissa tips du nytta har. Men se helst till att ej bli kvar.*

Linn sliter upp sitt paket så lacken sprutar omkring henne.

19

– Jag tänkte att *Robinson Crusoe* också kan komma
till pass på en ö i Västindien, skrockar Greta belåtet.
Och sen kan ni ju läsa varandras. Om ni skulle få lång-
tråkigt på resan. Vilket i och för sig skulle förvåna mig
oerhört.

– Nu är det min tur, säger Linn. Fast jag har inget
rim.

Hon tar upp sitt paket under granen och räcker
över det till Greta som skiner upp som en sol när hon
öppnat det.

– Nej men, Linn, vad fint. Vad glad jag blir.

Hon bläddrar fram och tillbaka i diktsamlingen.

– Vi har visst en riktig poet i släkten, tillägger hon.

Gilberts hjärta sjunker i bröstet, men Linn strålar
naturligtvis ikapp med Greta.

– God jul, farmor, kvittrar hon.

Greta är egentligen inte Linns farmor, även om
Linn kallar henne så vid högtidliga tillfällen. Greta är
i själva verket Linns farmors syster. Hon umgås gärna
med Linn och då och då händer det också att hon träf-
far Linns familj, men stora släktkalas skyr hon som
pesten.

– Det här är från mig, säger Gilbert dystert och ger
Greta sitt paket. Jag har inte heller nåt rim.

Greta plockar fram pepparkakshuset ur omslagspappret och ser till Gilberts förvåning mycket nöjd ut.

– Tack, Gilbert. En perfekt klapp. Som du ser är ett pepparkakshus det enda av jul som saknas här i huset. Och jag håller inte alls med den unga damen om att den unge herrn inte tänker. Hon blinkar åt honom. Det var mycket bra tänkt och jag kan lova att det kommer att ha en hedersplats här i huset när ni kommer tillbaka efter jul.

Gilbert blir alldeles varm om kinderna och ger Linn en menande blick medan Greta plockar upp det sista paketet.

– Det här är till er båda. *Till minne och rätt skoj att ha. Och minns att ledtråd det kan va.*

Gilbert låter Linn öppna. Paketet visar sig innehålla två engångskameror.

– Det är inget som nån skulle få för sig att stjäla från er, säger Greta klurigt. Alltså får ni behålla det mest värdefulla …

– Bilderna, säger Gilbert och Linn med en mun.

– Precis, säger Greta. Ni får behålla bilderna.

Gilbert och Linn kramar om henne.

– Tack, snälla Greta.

– Och tack, snälla ni.

Gilbert sätter sig ner igen, nöjd med klappen han gett och de klappar han fått men framför allt nöjd med att julklappsutdelningen är över. Då kommer kallduschen.

– Jag har en liten present från familjen också, tillkännager Linn och tar fram ett paket som hon gömt i jackfickan. Varsågod.

Gilbert håller andan medan Greta befriar presenten från pappret.

– En mobiltelefon, säger hon glad men en smula förvånad. Vad ska jag med en sån till?

– Det finns en kamera i, upplyser Linn. Du kan ta bilder med den och skicka till oss. Och vi kan ta bilder med våra och skicka till dig.

– Så utomförträffligt, säger Greta och nu ser hon bara nöjd ut. Då blir jag liksom nästan med på resan.

Linn nickar och Gilbert, som först varit mest koncentrerad på att skicka en elak tanke till mamma, som inte tänkt på att ge något till Greta, håller med.

– Jag önskar att du följt med, säger han allvarligt.

– Det gör jag också, säger Linn.

– Kan vi inte ta en bild nu med detsamma? undrar Greta.

– Självklart, svarar Linn.

– Finns det nån självutlösare? undrar Greta vidare.

– Tyvärr inte, säger Linn.

– Nåja. Då får vi fotografera oss i omgångar, konstaterar Greta. Hur gör man?

Linn går igenom alla knappar och finesser på telefonen. Greta nickar och nickar.

– Då så, säger hon till slut. Nu tror jag att jag förstår. Ställ er där borta, så ska jag nog föreviga er.

Hon håller upp mobilen och trycker av.

– Men vad hände? undrar hon när hon tittar på bilden. Ni måste ha rört på er.

– Det där är ju inte vi, konstaterar Linn. Den ser ju jätteläskig ut.

– Du måste ha riktat objektivet åt nåt annat håll, säger Gilbert.

– Ja, nåt galet blev det nog, svarar Greta. Jag får ta och lära mig den här apparaten lite bättre. Men det kan jag göra sen. För det finns väl en bruksanvisning?

– Den ligger i kartongen, säger Linn. Men nu måste jag bara på toa. Och då menar jag verkligen nu!

– Det är nya batterier i pannlampan! ropar Greta efter henne.

– Tack! ropar Linn tillbaka och rusar ut i hallen och sätter på sig pannlampan.

Gilbert ser genom fönstret hur hon med raska steg går mot utedasset, öppnar dörren och stänger den igen bakom sig. Då gräver han fram ringen ur fickan.

– Den här är inte inslagen, säger han, men jag vill att du ska ha den.

Greta tar emot ringen och sätter den omedelbart på sitt högra lillfinger, det vänstra förlorade hon för länge sedan. Hon håller upp handen med glittrande ögon.

– Titta, säger hon förtjust. Den passar precis.

Gilbert slår ner blicken.

– Du behöver inte låtsas att du blev glad, säger han

och ångrar sig så fort orden kommit ut ur munnen.

Greta tittar på honom med en blick som skulle kunna få ett vattenfall att frysa till is.

– Låtsas, säger hon med en röst som är ungefär lika kall som blicken. Låtsas, skulle jag låtsas?

– Nej, börjar Gilbert. Jag menar bara ...

Greta lägger armen om honom.

– Du menar ingenting, säger hon. Du känner bara. Och det du känner just nu är fel.

Gilbert står alldeles tyst och orörlig bredvid henne.

– Du är inte oälskad, Gilbert, och du behöver inte oroa dig. Saker och ting kommer att ordna sig. Lita på mig.

Utan att Gilbert kan göra något åt det väller tårarna upp i ögonen.

Greta kramar honom lite hårdare.

– Vet du vad, säger hon. Den här ringen påminner om en sjörövarring.

Gilbert sväljer gråten.

– Det var meningen att det skulle vara en sån, men man ser inte riktigt dödskallen, säger han.

– Skojar du? ler Greta. Jag tycker att det här ser ut som en ring som en riktig pirat skulle ha haft. En sån där pirat som verkligen fanns eller finns. På riktigt.

Linn klampar in bakom dem.

– Vad pratar ni om? undrar hon.

– Pirater, svarar Greta.

– Äsch, säger Linn. Sjörövare finns ju inte längre. I alla fall inte i Västindien.

– Förmodligen inte, säger Greta. Men man kan aldrig så noga veta.

3. När mamma väcker Gilbert klockan halv fem på morgonen har han naturligtvis inte packat färdigt. Dessutom har han tyvärr glömt vad han redan stoppat ner i väskan och vad som ligger kvar på golvet och i garderoben.

– Vill du ha te eller kaffe eller varm choklad? undrar mamma som ser oförskämt pigg ut.

– Inget, tack, muttrar Gilbert.

– Hur är det med dig? Mår du inte bra?

Gilbert bara fnyser.

– Jag är rätt trött och mår illa, svarar han.

– Blev det för många crêpes i går?

– Kanske det. Jag vill i alla fall inte ha nån frukost. Bara duscha, säger han.

– Som du vill, säger mamma. Men Micke är här om en timme och då måste du vara klar.

Gilbert gör honnör.

– Visst, säger han. Om du säger det så.

Mamma ger honom en blick innan hon stänger dörren. Gilbert kan inte avgöra om den är arg eller ledsen eller både och. Men just nu bryr han sig faktiskt inte om vilket. Han flyr in i duschen och duschar väldigt varmt så länge han törs. Packa kan han göra medan han torkar.

Micke är där på minuten halv sex. Då är Gilbert nästan klar. Tror han i alla fall.

– God morgon, Inger och Gilbert. Är ni redo? undrar Micke hurtigt.

– Jag ska bara hämta min väska, säger Gilbert och flyr snabbt upp på övervåningen för att slippa se mamma och Micke pussas.

Medan han slänger i strumporna och kalsongerna funderar han en stund på Mickes förra fru. Om det nu finns en himmel, och hon är där, vad tänker hon nu? För att inte tala om vad hon tänkte då. Då när det hände.

Han släpar ner väskan som av någon anledning blivit ohyggligt tung.

– Har du sten i? stånkar Micke när han bär den ut till bilen. Tänk på att vi ska flyga också.

Gilbert mumlar något ohörbart till svar.

Han lyckas somna i bilen på väg till flygplatsen, men det känns som om han är ännu tröttare när han vaknar för andra gången denna morgon. Det enda han önskar är att få vara i fred, men det är just det han absolut inte får. Mamma, Micke, Linns mamma och pappa, Linn och hennes lillasyster Gerda dansar runt omkring honom och hoppar upp och ner.

– Vad kul det ska bli! tjoar Gerda och ger Gilbert en stor kram.

– Mmm, svarar han.

– Men tycker du inte?

Gerda spärrar upp ögonen så att de blir ännu större än vad de brukar vara.

– Jo, det är klart. Jag är bara lite trött, ursäktar sig Gilbert.

– Jag tror att det kommer bli jättehäftigt, fortsätter Gerda. Tänk bara på att det är sådär tjugosex grader varmt i vattnet och att det finns massor av såna där fiskar som bara finns i akvarium annars.

– Och jul utan snö, säger Gilbert tyst för sig själv.

– Va? säger Gerda.

– Det kommer att bli häftigt, säger han. Den här julen kommer vi alltid att komma ihåg.

Hon lyser upp.

– Ja, och mamma lagar faktiskt jättegod mat, försäkrar hon. Hon jobbade ju på restaurang förut. Och pappa är ju med i sjöräddningen så det kommer inte att vara nån fara ...

Linn avbryter henne.

– Mamma jobbade inte på restaurang, hon *ägde* en, rättar hon. Är du trött? frågar hon vänd mot Gilbert.

– Rätt så, svarar han.

Hon klappar honom på kinden.

– Det är lugnt. Du kan sova på planet, säger hon.

Det är precis vad mamma säger också. Hela tiden. Så fort de kommit fram i kön och fått lämna in bagaget, tagit sig igenom alla pass- och säkerhetskontroller, stått i kö för att komma ombord på planet, äntligen hittat sina platser på planet och satt sig till rätta och insett att det finns en liten datorskärm framför varje plats där man kan titta på film och spela dataspel – då börjar hon prata om att sova.

– Det är bra om du sover lite nu så att du inte är så trött när vi kommer fram. Du vet att när det sen är kväll här hemma så är det mitt på dagen där.

Gilbert bara tittar på henne.

– Men först, säger Micke, som så klart sitter på hennes andra sida, först ska vi väl ändå få i oss lite frukost.

För en gångs skull får han en tacksam blick från Gilbert.

De får frukost, en hel massa saker på en pytteliten

bricka, och det är så trångt att det är svårt att få upp skeden med yoghurt till munnen utan att spilla hälften på sig. Det blir inte precis bättre av att den som sitter i sätet framför plötsligt fäller tillbaka sin stol så att det mesta av Gilberts te och juice flyter ut över brickan. Men till slut har Gilbert lyckats peta i sig nästan allt. Den lilla plastmuggen med källvatten överlåter han åt mamma. Vad ska man med källvatten till när man kan beställa hur mycket cola man vill?

– Titta, säger Linn och räcker Gilbert en liten resebroschyr om St Barth.

– Hm, säger han. Jag tror jag vet allt man kan veta om den ön redan. Han nickar mot mamma. Hon har läst högt ur en sådär trehundra böcker.

– Få se, säger mamma intresserat och tar broschyren ifrån honom.

Att landa på miniatyrflygplatsen Gustav III är ett äventyr i sig. Den korta landningsbanan ligger inspsprängd mellan bergen och havet och bara piloter med specialutbildning får flyga dit. Nedanför syns den lilla huvudstaden Gustavia med sin hamn.

Historik

Svenska klockstapeln på Rue de l'église

År 1784 bytte Gustav III till sig St. Barthelémy av Frankrike mot att fransmännen fick vissa handelsrättigheter i Göteborg. De första uppgifterna som nådde Stockholm var inte särskilt uppmuntrande.

Öns enda inkomstkällor var bomull, och det var inte mycket, och saltutvinning. I tidningarna nämndes uppgifter om att St. Barthélemy var så fattigt att till och med sjörövarna tyckte synd om befolkningen och alltid såg till att betala ordentligt för sig när de angjorde ön.

Den 7 mars 1885 tog Sverige officiellt över ön. Då bodde där 793 personer varav 281 svarta slavar. Men svenskarna hade vissa problem med ordningen i sin nya besittning. Den ursprungliga befolkningen verkade inte alltid riktigt respektera de nya lagarna och förordningarna som skrevs under Sverigetiden.

Utdrag ur lagar och förordningar från Sverigetiden

1785
Musik och dans skall upphöra vid midnatt. Negrer skall sluta dansa klockan 10. Inga ljud får förekomma på gatorna efter klockan 9 och inga promenader i hamnen efter klockan 10.

1806
Förbud mot att uppträda maskerad nattetid på gatorna.

1820
Förbud att skjuta med eldvapen inom staden. Det farliga oskicket fortsätter trots tidigare förbud. Gäller musköter, pistoler och andra vapen.

1856
Klagomål mot oanständigt språk. Rått och smädande språk, oanständiga gester och opassande uppträdande öppet och offentligt av en grupp simpla individer har orsakat stor skandal och förtrytelse bland respektabla invånare.

Lösa djur
1786
Betesmarken inhägnas så att djur inte kan komma in på grannens tomt.

1805
Skärpta bestämmelser mot lösa svin på gator och torg.

1828
Lösa svin springer fortfarande på Gustavias gator. Skall dödas om de påträffas. Hundar som springer lösa skall dödas.

1839
Förbud mot lösdrivande djur. Får skjutas.

1841
Förnyat förbud mot lösdrivande djur. Får skjutas.

1845
Högre straff för den som låter grisar springa lösa.

1853
Djur på stadens gator. Förbud att uppföda får, getter får uppfödas men ej vara lösa, hästar och nöt får inte gå och beta ens om de är bundna.

1861
Lösa getter får borttagas. Staden full med lösa djur.

Efter 94 år var den svenska epoken slut.

På några av kyrkogårdarna finns fortfarande svenska gravar. De är dock inte, som de flesta andra, översållade med plast och sidenblommor.
Många gravar har också bilder på den döda och en del personliga små saker. Som t.ex. halsband, snäckor och diverse prydnadssaker.

Många gatunamn från Sverigetiden finns fortfarande kvar.

– Det där om att inte låta djuren springa lösa på stadens gator och torg verkar ingen direkt ha brytt sig om, skrattar mamma.

– Varför fick inte de svarta dansa efter klockan tio? undrar Linn upprört. Var de främlingsfientliga?

– Lite grann tror jag, dessvärre, svarar mamma. Men det sägs att svenskarna ändå var mindre grymma än många andra mot sina slavar. I alla fall står det så i en hel del av de där trehundra böckerna jag har läst.

Hon ger Gilbert en blick. Men han bryr sig inte alls om den. Istället beställer han in en cola och ger sig in i ett av spelen på skärmen. När mamma bläddrat klart i det lilla häftet sätter hon på sig en ögonbindel, stoppar öronproppar i öronen och vecklar ut en liten filt som ligger i en plastpåse på varje säte. Hon pussar först Micke på munnen, sedan Gilbert på kinden och så lägger hon filten över sig.

– Du borde försöka sova lite, mumlar hon. Testa öronproppar och ögonbindel. Det funkar jättebra.

– Visst, säger Gilbert.

Sedan beställer han mer cola och tittar på en film.

Efter ungefär fyra timmar börjar det klia i kroppen. Alla andra sover. Till och med Gerda. Och den som sitter i sätet framför vräker sig hela tiden fram och tillbaka och snarkar så att det hörs i hela planet.

Gilbert gör ett tappert försök. Han fäller ner stolen, placerar den lilla kudden under huvudet, vecklar ut filten, stoppar proppar i öronen och sätter på sig ögonbindeln. Men det går bara inte. Öronpropparna åker ut, kudden hamnar på sned, ögonbindeln luktar illa, bandet sitter åt över huvudet och runt omkring honom snarkar, snusar och snörvlar folk överallt. En del dreglar också, i sömnen. De allra flesta är helt enkelt rätt störande och några av dem rent osmakliga. Hur han än vrider och vänder sig, lägger upp benen på olika sätt mot sätet framför ...

Gilbert har nog lyckats somna i alla fall för han vaknar när en av flygvärdinnorna kommer för att servera pizza och juice.

– Vi är alltså framme om en ungefär en timme, gäspar mamma nöjt. Har du kunnat sova nåt?

– Lite, svarar han surt. Du snarkar.

– Jag vet, älskling, säger mamma urskuldande. Det är bara att puffa till mig.

– Jag försökte, ljuger Gilbert.

– Jag är ledsen, vännen. Ät din pizza nu.

Pizzan smakar något i stil med vissa ord som Gilbert inte får säga, och innan de hunnit äta färdigt delar flygvärdinnan ut en massa blanketter som alla måste fylla i. På en av dem ska de skriva vilka de är, vad de heter, vilket passnummer de har, var de är födda, var de bor, var de tänker dö, vilket personnummer de har och av vilken anledning de flyger till just USA – och dessutom ska de berätta om de har tänkt utföra något terroristdåd här.

– Jag tänker skriva ja, säger Gilbert.

– Gör inte det, för allt i världen, säger Micke. I det här landet kan man åka i fängelse för mindre.

– Fattar de inte skämt?

– Inte den typen av skämt, svarar Micke och ler utan att se särskilt glad ut. Inte efter elfte september, tillägger han och ger Gilbert en sån där underlig blick.

Gilbert tittar bort och känner sig obehaglig till mods. Men han svarar nej på frågan om han tänker utföra något terroristdåd i USA. För säkerhets skull.

Det visar sig att Micke hade rätt. Killen som går igenom alla formulär och pass ser inte ut att förstå sig på skämt överhuvudtaget. Han stirrar från passet upp på Gilbert och tillbaka ner i passet igen. Mickes blickar är ingenting i jämförelse.

Gilbert börjar just undra om det syns på honom att han tänkt skämta om terroristdåd när han äntligen får tillbaka sitt pass. Formuläret behåller killen i passkontrollen.

– Gud, stönar Gilbert.

– Vadå? säger Gerda. De måste ju kolla, det fattar du väl.

– Och hur många terrorister skulle skriva att de kom hit för att göra nåt sånt? Så dumma i huvudet kan väl inte ens de vara?

Gerda håller med.

– Nej, det förstås, men i alla fall. Det är väl inte så konstigt att de är försiktiga.

Nu är det Gilberts tur att hålla med, och sedan är det bara att vänta på väskorna. Det gör de ganska länge.

– Visst är det konstigt att ens egna väskor alltid kommer sist, säger Linns mamma och plockar ner den absolut sista väskan som rullar ut på bandet.

– Min kom nästan först, ler Linn stolt.

– Fast den är öppen, säger Gilbert.

Och så är det.

– Det är bäst att vi kollar att ingenting fattas innan vi åker härifrån, säger mamma.

En enda sak fattas faktiskt: Linns engångskamera.

– Men varför i all världen lade du inte den i handbagaget? undrar Linns pappa och låter för en gångs skull nästan arg.

– Greta sa att ingen skulle stjäla nåt sånt, snyftar Linn.

– Vi köper en ny, säger Linns mamma.

– Det är inte samma sak!

– Nej, det är sant, säger Linns pappa. Men det är nåt snarlikt.

Linn är emellertid inte den som ger sig.

– Okej, säger Linns mamma till slut. Vi går och försöker ta reda på vart den kan ha tagit vägen.

– Men Mia, stönar Linns pappa.

– Ja, Tobbe, svarar Mia. Kom nu, så går vi och hittar den förbaskade kameran.

Sedan är det ingen som säger något förrän de kommit fram till disken där man anmäler borttappade saker. Där väntar de i säkert en halvtimme, men sedan får Linn verkligen sin kamera tillbaka.

– Så, säger hon nöjt. Då kan vi gå.

Alla suckar utom Micke som ler stort.

– Den damen kommer att gå långt, säger han.

Sedan tittar han sådär konstigt på Gilbert igen. Gilbert kan inte förstå varför.

4. Hettan slår emot dem när de kommer ut från flyg-platsen. Det är som att gå rakt i en varm fuktig vägg. Och vägen är kantad av palmer och inte granar.

– Gud vad skönt, säger mamma.

Gilbert måste motvilligt hålla med. Det känns onekligen häftigt att komma till det här efter att ha klivit ombord i ett grått och snömoddigt Sverige. Men en sak håller han fast vid. *Jul* är det garanterat inte.

Linn dyker upp bakom honom, vänder ansiktet mot solen och slår ut med armarna.

– Varför bor man i ett sånt kallt land? undrar hon.

Gilbert svarar inte. Han inser att det svar han har ändå inte kommer att tas emot på något bra sätt.

De tar en extra stor taxi så att allihop inklusive packningen får rum i samma bil. Gilbert gäspar så att käkarna är nära att gå ur led, och när han tittar ut på husen med palmer och färgglada blommor i trädgår-darna tror han ett ögonblick att han faktiskt drömmer. Det ligger snö på taken. Massor av kritvit snö. Han är tvungen att gnida sig i ögonen så att de blir alldeles röda.

– Varför smälter den inte? undrar Gilbert häpet och sticker ut handen genom bilrutan.

Det är nästan så att luften bränns.

Micke skrattar.

– Den är konstgjord, säger han. Rätt snyggt, va? Känns det inte lite som jul i alla fall?

Gilbert hummar till svar och sedan är de framme i hamnen. Det tar inte många minuter innan Micke hittar båten. En lång stund står han bara och stirrar på den.

– Magdalena, säger han till slut. Den är det.

– Vad är det med honom? viskar Gilbert till Linn.

– Hans fru hette så, viskar hon tillbaka. Det måste kännas konstigt. Stackars Micke.

Gilbert fnyser, fast ohörbart. Stackars Micke? Nej, inte alls. Om det var någon det var synd om var det Magdalena. Och Gilbert. Och i allra värsta fall Gilberts mamma. Han får ont i magen vid tanken på vad Micke skulle kunna göra henne.

De går i en lång rad över landgången och hamnar på Magdalenas akterdäck.

– Tja, vi går väl … husesyn … tillsammans, säger Micke. Jag har ju inte heller varit ombord tidigare.

Magdalena visar sig vara en väldigt stor och helt

otroligt lyxig båt. Det finns fyra stora hytter som verkligen ser ut som riktiga rum, med två sängar, och i två av dem översängar som kan fällas ner. Det finns en liten soffa, två fåtöljer och ett bord med fruktskål och chokladask och tv och dator. Och naturligtvis toalett och dusch.

Några mindre hytter, förmodligen för dem som jobbar ombord, finns på däcket under.

Med utsikt över fördäck ligger baren, och av vad Gilbert kan döma av de vuxnas kommentarer är den tydligen till största belåtenhet. Mycket sprit av olika slag med andra ord. Och antagligen en massa olika sorters glas. Sånt brukar roa åtminstone mamma. Vad det är som är så kul med att dricka sprit ur olika sorters glas har Gilbert aldrig förstått. Men så är det tydligen. Och det är ju roligt att alla är glada.

Det finns en matsal också med plats för minst femton personer och när Linns mamma får syn på köket tror Gilbert på allvar att båten kommer att sjunka nu och direkt här inne i hamnen. Hon börjar utföra någon slags underlig dans och dessutom vrålar hon samtidigt:

– Det här är inte sant! Vilket kök! Och alla skåp och kylar och frysar är fulla!

Micke nickar.

– Det är en del av betalningen, säger han och kan inte låta bli att le åt Mias krigsdans. Båten skulle vara utrustad så att vi alla skulle känna riktig julstämning ombord.

Linns pappa, däremot, är just nu mer intresserad av maskinrummet, styrhytten och annat som har med själva seglandet att göra.

– Fortsätt rundvandringen, ni, säger Mia, så fixar jag middag under tiden.

– Du är en ängel, ler Tobbe och ger henne en kram.

– Jag vet, svarar Mia. Det kommer att bli en middag som ni sent ska glömma. Men efter maten slutar jag att vara ängel. Ni får ta hand om disken!

– Naturligtvis, säger Tobbe och försvinner snabbt iväg med Micke.

Micke ger Gilbert något som förmodligen är menat som en vänlig knuff i sidan när han går förbi.

– Och du letar upp den hytt du vill ha, säger han. Du får välja först.

Gilbert ler till svar eftersom han inser att det ser bra ut. Samtidigt undrar han varför Micke håller på så här och smörar och försöker verka vänlig. Förmodligen är det för att han vill invagga Gilbert i säkerhet. Få honom att känna sig avslappnad och inte vara på sin vakt. Gilbert ler igen, fast för sig själv den här gången och inte lika vänligt. Det kommer Micke nämligen inte att lyckas med.

Sedan inser han en annan sak. Han är den enda som kommer att sova själv på den här båten. Alla andra har någon att dela hytt med.

Medan Linn och Gerda beger sig på upptäcktsfärd på båten går Gilbert runt mellan de fyra hytterna och funderar över: 1: Var det finns mest choklad, och 2: Var det skulle kännas minst ensamt.

Han undersöker låsen på hyttdörrarna också för att vara säker på att han ska kunna låsa ordentligt om sig. Han kommer fram till att det finns lika mycket choklad i alla hytterna och att alla låsen fungerar. Sedan blir han överfallen av Linn och Gerda.

– Nå, vad tycker du nu då? säger Linn. Fräck båt, va?

Gilbert nickar.

– Ja, man kan undra vad den kostar, säger han i brist på annat.

– En sån här bara *ska* jag ha nån gång i livet, säger Gerda, och Gilbert är nöjd med att det inte är henne han skulle vilja ha som fru.

Det låter som om hon kommer att bli en dyr historia.

– Gibbe, vad är det? undrar Linn.

Han suckar.

– Äsch, ingenting.

– Lägg av, säger hon. Jag ser ju att det är nåt.

Gilbert skruvar på sig.

– Lite ensamt, kanske, får han ur sig.

– Hur då ensamt? Vi är ju jättemånga.

– Lyxigt, men ensamt att ha en egen hytt.

Gerda tittar på honom med de där stora ögonen igen.

– Egen hytt, upprepar hon. Du ska väl inte ha egen hytt? Du sover väl med oss! Eller hur, Linn?

Linn nickar och det syns verkligen på henne att hon aldrig tänkt sig något annat.

– Självklart!

– Men vad bra! utbrister Gilbert. Då kan vi ta med chokladasken och fruktskålen från min hytt också.

– Superbra, säger Linn.

– Och jag sover gärna i översängen, säger Gerda och tindrar med ögonen.

– Inte ovanför mig, säger Linn retsamt. Tänk om du kissar på dig.

Sedan måste de naturligtvis jaga varann fram och tillbaka över alla däck som finns på Magdalena. Men det är bara bra. Gilbert behöver få vara för sig själv en stund. Någonting stort och varmt som han inte riktigt kan kontrollera väller upp inom honom. Han vet inte om det är sorg eller lycka eller båda delarna på en gång. Men han inser att Greta har rätt ändå. Han är inte oälskad. Och Gerda får gärna sova ovanför honom. Hon kommer ju naturligtvis inte att kissa på sig.

Medan Linn och Gerda jagar runt på båten tar Gilbert en liten tur på egen hand. Han går till styrhytten där Tobbe och Micke förmodligen går igenom alla rattar och knappar och spakar tillsammans. Men till hans stora förvåning är Micke ensam där.

Gilbert är precis på väg att knacka på dörren när han upptäcker att Micke är helt uppslukad av ett stort papper som ligger framför honom. Egentligen är det väl inget märkligt med en kapten som studerar ett papper, men Gilbert får ändå en konstig känsla. Han väntar en stund innan han klampar högljutt utanför styrhytten. Micke plockar omedelbart undan pappret och vänder sig mot honom.

– Hej, säger han, och Gilbert vet inte om han fantiserar eller inte, men det låter på Mickes röst som om han blivit tagen på bar gärning.

– Vill du vara med och segla lite sen?

– Ja, gärna, säger Gilbert och försöker se var Micke gömt undan pappret.

– Allt är okej här, fortsätter Micke. Så vi lägger ut alldeles strax. Mot Västindien.

– Mot Västindien, upprepar Gilbert. Var är Linns pappa?

– Tobbe är på väg hit. Jag tror att han och Mia ville försäkra sig om att få en bra hytt.

– Jaha, säger Gilbert.

– Inte för att han behöver oroa sig, fortsätter Micke. För allihop ser ju precis likadana ut.

Gilbert nickar.

– Har du valt ut nån hytt? undrar Micke.

– Linn och Gerda sa att jag kunde sova hos dem.

– Självklart, säger Micke. Men om du vill kan du ju ha den där stora väskan i en egen hytt. Det kan kanske vara skönt att få vara för sig själv ibland.

Gilbert studerar Micke noggrant en kort stund. Det är som om han märker det för han börjar skruva på sig.

– Tror du …, säger Gilbert till slut, … skulle det

vara okej om vi tog chokladen från min hytt också?

Micke skrattar och det låter nästan som om han är lättad.

– Det är klart, svarar han. Ta frukten också. Den blir ändå förstörd.

– Tack, säger Gilbert och smiter iväg utan att ha lyckats lista ut var Micke gömde pappret.

Han möter Linn på väg tillbaka mot hytterna.

– Det finns en liten snabb båt ombord, säger hon glädjestrålande. Så man kan åka sån där gummiring, du vet, eller vattenskidor!

– Cool, svarar han. Men hur kommer man upp?

Linn suckar.

– Det finns en nedfällbar badbrygga och badstege också.

– Javisst, ja, säger Gilbert utan att låta det minsta överraskad. Det glömde jag.

Just precis då lägger de ut och Gilbert och Linn skyndar till akterdäck. De ser hur den stora hamnen i Florida, fullsmockad med lyxkryssare, långsamt försvinner utom synhåll.

– Häftigt, säger Linn. Äntligen är vi på väg mot jul och Västindien.

– Vi kanske ska skicka ett meddelande till Greta, säger Gilbert.

– Ja, det måste vi, säger Linn med skuldmedveten röst. Vet du, henne hade jag nästan glömt.

Precis då klingar det till i Gilberts mobiltelefon. Han hinner knappt få upp den ur fickan innan Linns mobil också upplyser om att ett meddelande kommit.

Det är från Greta. Naturligtvis.

5. Linn håller upp Gretas meddelande med den maskerade jultomten. "Vissa tomtar bör man nog akta sig för."

– Typiskt Greta, va?

Gilbert nickar. Men samtidigt kniper det till i magen. Vad menar Greta med det? Menar hon att det är någon här de bör akta sig för? Vem skulle det i så fall kunna vara? Kan det vara så att hon har kommit på något om Micke? Men i så fall borde hon väl ändå ha varit mer tydlig?

Gilbert bestämmer sig för att det nog inte kan vara så allvarligt, och medan Linn tar en bild av hamnen som blir mindre och mindre tar Gilbert en bild av Linn som tar en bild av hamnen. Han skriver ett kort meddelande till bilden och skickar iväg den.

– Vad skrev du? undrar Linn nyfiket.

Gilbert håller fram mobilen.

– Typ såna här tomtar, läser hon.

Sedan får Gilbert en ganska hård smäll på armen.

– Det var inte särskilt trevligt. Men jag tänker inte bry mig om det just nu. Eftersom vi har viktigare saker att göra, tillägger hon. För nu ska vi bestämma vilken hytt vi vill ha!

Hon lägger Gilberts ena arm under sin egen och börjar dra iväg med honom mot hytterna.

– Vilken tycker du?

Det visar sig att det inte finns så många att välja mellan längre eftersom mammorna redan valt vilka hytter som de ska bo i.

– Jaha, säger Linn. Typiskt dem! Vuxna måste alltid bestämma. Särskilt mammor.

– Det spelar ingen roll, svarar Gilbert. Hytterna ser ändå likadana ut.

– Men i alla fall, fortsätter Linn indignerat. Micke sa att du skulle få välja först!

– Men nu väljer vi sist, konstaterar Gilbert. Så vilken väljer vi? Ska vi köra krona eller klave?

Linn nickar gillande och Gilbert upptäcker att det är en euro han håller i handen.

– Fast på den här finns det ingen klave, upplyser han. Och ingen krona heller.

– Vad finns det då?

– Det finns en fågel och en siffra. Siffran betyder alltså hur många euro det är.

– Okej, säger Linn och sliter åt sig myntet. Om

fågeln kommer upp tar vi hytten till höger.

– Styrbord, rättar Gilbert. Vi är på sjön.

Linn himlar med ögonen.

– Om fågeln kommer upp tar vi hytten till styrbord. Om siffran kommer upp tar vi hytten till babord. Utan att invänta svar eller fler kommentarer singlar hon och slår upp euron på översidan av höger hand.

– Styrbordshytten, konstaterar hon. Då så. Då hämtar vi chokladen från din hytt och flyttar in i vår.

– Det låter bra, säger Gilbert. Men min stora väska får vara kvar i den andra hytten.

Han håller i tysthet med Micke om att det kan vara skönt att ha en egen hytt att dra sig tillbaka till.

Linn iakttar honom misstänksamt.

– Varför då? Har du hemligheter i den?

– Näe, men den är så stor, förklarar Gilbert. Eftersom jag inte hann packa färdigt i går tog jag med mig alla kläder jag har och ganska många böcker ...

– Du är hopplös, konstaterar Linn.

De ställer in Linns och Gerdas väskor i styrbordshytten och släpar sedan med gemensamma krafter in Gilberts väska i hytten mittemot.

– Herregud, stånkar Linn. Det känns som om den är full med sten.

Gilbert ler.

– Det sa Micke också.

– Ska du ha med dig nåt till vår hytt? undrar Linn.

Gilbert skakar på huvudet.

– Inte ur väskan. Jag byter nog om här. Men chokladen ska vi ju ha.

Det behöver han inte upprepa två gånger. Linn kastar sig över asken och lämnar fruktskålen åt Gilbert. Han är precis på väg att ta den när han får syn på en brun sliten portfölj som han tror tillhör Micke.

Konstigt, tänker han. Hur har den hamnat här?

Å andra sidan har de strulat så mycket fram och tillbaka med vem som ska bo i vilken hytt att det kanske egentligen inte är så konstigt om någon väska hamnat fel. Men nu när den ändå står här kan han inte låta bli att öppna den och kika lite. Det första han får syn på är en pärm med etiketten *Spår/Karib/Mr X/Lindqvist*. Han tar försiktigt upp den ur portföljen och slår upp första sidan.

"Det Nya" främjar smuggling

Tullverket rasar mot "Det Nya" partiets förslag om att skära ner på tullens anslag med drygt 2 miljoner kronor per år.

"Det är en katastrof", säger Arne Widén vid tullverket.

inte har möjlighet till samma bevakning vare sig på flygplatser eller vid färje terminaler."

Värst drabbad blir dock ändå båt- och färjetrafiken. "Vi kommer att få koncen-r oss på att försöka och ta hand om sådant smugglas in i landet", Widén.

"Det vill säga mestadels alkohol, cigarretter och narkotika."

Vad det gäller båtar som lämnar landet kommer tullverket tvingas dra in på kontrollerna vilket, enligt Widén innebär att det blir betydligt svårare att komma åt dem som smugglar pengar ut ur landet.

Småbarns familj fortfarande saknad

Det har nu gått drygt två veckor sedan karibisk polis hittade den saknade svenska familjen Hildengrens övergivna lustjakt.

Björn och Helena Hildengren var på kryssnings semester i den Västindiska övärlden med sina två barn. När de anhöriga efter en knapp vecka tappade kontakten med paret slog de larm och efter ytterligare två dygn hittades båten tom, drivande utanför den lilla ön Dog Island, no rr om St Marteen. Ingenting av värde fanns ombord och livbåten saknades.

Svensk polis har rest till St Marteen för att delta i utredningen. Storstadsbladet har fått uppgifter om att paret har stora skatteskulder i Sverige.

Dessutom ryktas det om ett antal hemliga konton i Schweiz och enligt obekräftade uppgifter finns det misstankar om att familjen försvunnit av egen fri vilja och att båtolyckan bara är ett försök att lura de svenska myndigheterna.

Hildengrens lyxbåt hittades utanför Dog Island. Men familjen och värdesakerna är spårlöst försvunna.

Miljonärsson utreds av polisen

För tredje året i rad har miljonärssonen Martin Stenströmmer, 32, noll-taxerat.

Med tanke på att han ärvt ett flertal vinstdrivande företag som hans far... het upp ut över dem en stor... het av sin mor anåg skatte-... ats och h ans deklarationer... igheter borde granskas... nheter har även-

"Vi kan inte utesluta att ett brott begåtts", säger åklagaren Britta Ceder-kvist.

"Vi har fått information av skatteverket om att vissa oegentligheter förekommit och nu får utredningen visa om det är ett brott och i så fall vilken påföljd det kan handla om."

"Jag kan inte göra något olagligt", är Martin Stenströmmers enda kommentar till det inträffade.

"Är det något mer ni undrar över kan ni vända er till min revisor."

MYCKET INTRESSANT

Semesterparadis eller skatteparadis?

De kända skatteparadisen Monaco och Jersey har fått konkurrens. Allt fler finansmän, och andra med pengar på fickan, söker sig gärna långt bortom europeiska gränser och just nu är det Karibien som lockar mest.

På grund av den stora konkurrensen mellan flygbolagen har biljettpriserna sjunkit, i vissa fall med mer än 50 %, vilket gjort att även turismen i området ökar kraftigt. Detta i sin tur innebär naturligtvis stora möjligheter till vinster genom investeringar i fastigheter, hotell, restauranger och dylikt.

Bara under det senaste året har ett stort antal sådana investeringar gjorts av svenska medborgare, bl. a på den gamla Svenskön St Barthélemy.

På ön Moustique däremot, där de rikaste av de rika har valt att bo, kan det vara svårare för investerarna. Moustique kan liknas vid ett välbevakat Fort Knox och de som äger hus på ön gör det till stor del på grund av att de där verkligen kan värna om och försvara sina ägodelar. För en spekulant till en tomt på Moustique gäller det att bli godkänd av alla dem som redan bor där.

Den enda svagheten i detta fort är transporterna till och från ön som bara kan göras med båt. Att det mestadels handlar om lustjakter behöver kanske inte tilläggas.

På paradisön Saint Barthélemy finns det gott om plats för rika svenskar.

Illa ställt för svenska varv

Det går allt sämre för de svenska varven. Förra året gjorde både Göta Varv och Landia miljonförluster. Sven Eriksson, vd för de båda varven tog ändå ut en bonus på 14 miljoner kronor, ovanpå sin lön som uppgår till 150 000 kronor i månaden. Och detta är något som retat både aktieägarna och de anställda som hotas av uppsägning.

"Jag förstår att det kanske sticker lite i ögonen på vissa", säger Eriksson.

"Men jag har lagt mer mycket arbete och gjort n ett lika bra jobb nu som när varven gick med vins Dessutom är det bara en tidsfråga innan vi hamn på plus igen."

Kloea gör rekordvinster

Det går mycket bra för det relativt nystartade svenska företaget Kloea.

Sedan nye vd:n, Sten Bergerstrand, tog över för ett halvår sedan har företaget gjort miljonvinster och både Bergerstrand och aktieägarna är mer än nöjda.

"Vi är på god väg att bli det största svenska infomationsföretaget", säger han.

"Och det är naturligtvis det som är målet."

Sten Bergerstrand har ett förflutet hos Nordvästkraft och Lumaton (båda i energibranschen) som även de gjorde ett rejält uppsving under hans tid som vd.

– Han kartlägger rika personer, mumlar han för sig själv. Varför gör han det?

I nästa sekund hör han steg utanför dörren. Snabbt som ögat lägger han tillbaka pärmen i portföljen och han hinner precis stänga den innan någon knackar på.

– Hej, säger Micke när Gilbert öppnar. Jag undrar om du har sett en brun portfölj?

Gilbert nickar och hoppas att det inte syns på honom vad han gjort.

– Här, säger han och ger Micke portföljen. Jag tänkte precis ställa in den i din och mammas hytt.

– Tack, det var snällt, säger Micke, men han ger Gilbert ett misstänksamt ögonkast innan han försvinner iväg med väskan.

Gilbert andas ut, tar fruktskålen och går in till Linn.

– Vart tog du vägen? undrar hon.

– Packade upp lite, svarar han lätt.

– Här, säger Linn och håller fram chokladasken. De är jättegoda.

De har fullt upp med att provsmaka chokladen när Gerda öppnar dörren.

– Aha, säger hon. Så det är här vi bor? Men vad gör ni egentligen? tillägger hon upprört när hon får syn på den öppnade chokladasken.

– Vi bara smakar lite, svarar Linn med hela munnen full av choklad.

– Ni har ju ätit jättemånga, säger Gerda. Mamma kommer inte att bli glad!

– Varför då? undrar Gilbert.

– Därför att maten faktiskt är klar!

Med det vänder sig Gerda om och går helt rak i ryggen mot matsalen.

– Vi bar faktiskt in din väska! ropar Linn efter henne.

– Det var ju snällt, svarar Gerda utan att vända sig om. Men det hade jag faktiskt kunnat göra själv. Så det så.

Mia har verkligen lagat till en middag som de sent ska glömma. Som förrätt serverar hon färska havskräftor på rostat bröd med jättegod sås. Sedan får de oxfilé med potatisgratäng och till efterrätt blir det enorma banana split med glass och grädde och mandelflarn och riven mörk choklad.

När Gilbert är så mätt att han skulle kunna storkna får de dessutom veta att alla ombord ska få ett litet glas rom att smälta maten med.

– Det krävs faktiskt när man är ute på såna här hav, avgör Micke och fyller på glasen.

Nu är de nog bra fulla, tror Gilbert. När de börjar servera sprit till barn.

Rommen smakar starkt och lite sött och inte alls gott. Han lämnar kvar nästan allt i glaset.

– På vilken ö ska vi sova i natt? undrar han.

– Vi ska sova och Micke och pappa ska segla, förklarar Gerda. De byter av varann tills vi kommer fram till den första ön vi ska lägga till vid.

– Segla? säger Gilbert.

– Det kallas faktiskt så även när man kör med motorbåt, säger Gerda och låter viktig.

– Men om de är fulla och det är mörkt? säger Gilbert nervöst.

– Micke och pappa är inte fulla, försäkrar Linn. Det är de aldrig på sjön.

– Och mörker spelar ingen roll, säger Gerda. De går efter gps:en, alltså en slags kompass, eller också seglar de efter stjärnorna.

– Romantiskt, va? säger mamma som kanske inte är direkt full men alldeles klart inte helt nykter. Apropå rom, läste jag nånstans, att när de fortfarande hade vattenbrist på St Barth brukade man säga nåt i stil med: Save water, drink rum.

Micke skrattar och tittar ömt på henne.

– Det finns ett annat uttryck också, säger han lågt. Save water, shower with a friend.

Mamma ler och så pussas de.

– Tack för maten, det var jättegott, säger Gilbert och reser sig från bordet. Var kan jag ställa tallriken?

– Skölj av den och ställ den i diskmaskinen, svarar Mia. Du hittar väl till köket.

Gilbert nickar och himlar med ögonen utan att någon ser det. Så otroligt stor är båten faktiskt inte. Han sköljer av tallrik och bestick och ställer in dem i maskinen.

Sedan går han ut på däck. Det dröjer inte länge förrän Linn kommer efter. De står tysta en stund vid relingen, njuter av de varma vindarna och tittar fascinerat på stjärnorna. De verkar på något sätt vara större och närmare än hemma.

– Fint, va? säger Linn.

Gilbert nickar.

– Jag slår vad om att jag hittar Karlavagnen först, säger Linn.

De letar och letar, men ingen av dem hittar den. Inte en enda stjärnbild ser likadan ut som i Sverige.

– Seglar de verkligen efter stjärnorna? undrar Gilbert förundrat.

– Nja, egentligen har det nåt med solen att göra, säger Linn. Det är nåt de räknar om och sen funkar det på natten också.

– Jaha, säger Gilbert utan att ha förstått någonting.

De står tysta en stund igen.

– Du litar på Micke, va? får han till slut ur sig.

– Absolut, säger Linn. Jag har känt honom i hela mitt liv.

– Jag vet, säger Gilbert. Och jag litar på dig ... Men det är ändå nåt.

Linn blir plötsligt spänd i kroppen och tittar honom rakt i ögonen.

– Vadå? undrar hon.

– Han smusslade undan ett stort papper när jag kom in i styrhytten.

– Jaha. Han vek väl ihop en karta. Det är inget märkligt med det!

Gilbert suckar.

– Nej, kanske inte. Men det är det där med hans fru också ... jag menar Magdalena.

– Exakt vad menar du? undrar Linn.

– Hur gick det till egentligen?

– Det var en hemsk och fruktansvärd olyckshändelse. Micke var helt förstörd i flera år. Han älskade henne jättemycket.

– Det märks inte, skrockar Gilbert.

Linn blir om möjligt ännu stelare.

– På vilket sätt märks det inte?

– Han pussar på mamma hela tiden.

– Du är inte klok, säger Linn och ger honom en blick som om han var ett äckligt litet kryp. Vad är det du tror egentligen? Att han tog livet av Magdalena för att kunna pussa på din mamma hundra år senare?

Hon väntar inte ens på svar utan rusar bara iväg och lämnar Gilbert ensam i den varma natten under stjärnhimlen. Något som skulle kunna vara sorg värker i honom. Ingen förstår vad han menar. Ingen förstår hur han känner. Han är verkligen helt ensam.

Han sväljer och sväljer för att inte börja gråta. För några tårar tänker han inte bjuda dem på. Han tänker förresten inte sova i Linns och Gerdas hytt heller. Han ska minsann visa dem att han klarar sig själv. Att han klarar sig alldeles utmärkt ensam. Då upptäcker han att han inte alls är ensam. Någon har ljudlöst smugit sig på honom och står alldeles bakom. Gilbert vänder sig hastigt om. Det är Micke.

6. Gilbert drar ett djupt andetag och försöker rygga tillbaka, men relingen är i vägen.

– Förlåt, säger Micke. Det var inte meningen att skrämma dig.

– Jag blev inte rädd, ljuger Gilbert. Var är de andra?

– Tobbe röjer i köket och de andra gör sig nog hemmastadda i sina hytter, svarar Micke. Men vad gör du alldeles ensam ute på däck?

– Tittar, säger Gilbert. Jag tittar på stjärnorna ...

Micke släpper honom med blicken och tittar upp mot himlen.

– Fantastiskt, säger han utan att låta som han menar särskilt mycket med det.

– Ibland, fortsätter han efter en liten stunds tystnad. Ibland kan man inte låta bli att undra hur det är där uppe.

Han vänder blicken tillbaka till Gilbert.

– Eller hur, säger han. Gör inte du det?

Gilbert pressar sig mot relingen. Vad menar människan? Har han tänkt göra sig av med honom? Här och nu? Micke byter samtalsämne.

– Du var inget vidare förtjust i rommen såg jag.

– Nej. Den var lite för stark, mumlar Gilbert.

– Det var väl kanske lika bra det, säger Micke. Men nu vet du i alla fall hur det smakar.

Aha. Det var så han hade tänkt. Se till att Gilbert drack rom så att han skulle sova så djupt att Micke skulle kunna göra sig av med honom utan att han vaknade.

– Men det är ingen fara. Inger tyckte om den så hon tog din också. Hon kommer nog att sova gott i natt.

Åh nej. Ännu värre. Det är förstås mamma han tänker göra något hemskt med. Gilbert bestämmer sig omedelbart för att ändå bo hos Linn och Gerda. Den hytten ligger vägg i vägg med mammas och Mickes. Sova tänker han däremot inte göra. Inte på hela natten. Han tänker ligga klarvaken och lyssna, och vid minsta oroväckande ljud kommer han att rusa in till mamma och se till att hon inte kommer till skada.

– Vad ska du göra förresten? undrar han och försöker låta bli att verka nyfiken.

– Jag ska segla lite båt så att vi kommer fram nån gång, svarar Micke. Gå och lägg dig, du. Det blir en lång dag i morgon också.

Sedan försvinner han iväg mot styrhytten lika ljudlöst som han dök upp.

Han är en smygare, tänker Gilbert för sig själv medan han tar sig till sin hytt. Och såna kan man verkligen inte lita på.

Han plockar fram kalsingar och en t-shirt att sova i. I vanliga fall brukar han bara ha kalsonger, men om han nu ska dela hytt med två tjejer känns det på något vis bättre om han är mer påklädd. Han sätter på sig kläderna, borstar tänderna och smyger över till hytten mitt emot. Gerda och Linn har redan somnat.

Skönt, tänker Gilbert. Då behöver man inte snacka mer med dem.

På morgonen inser Gilbert att han faktiskt somnat trots allt. Och inte bara somnat. Han måste ha sovit som en stock för han har inte ens märkt att Linn och Gerda vaknat och försvunnit iväg från hytten. Han sätter sig yrvaket upp i kojen. Båten ligger alldeles stilla och guppar försiktigt. De har tydligen redan kommit fram. Han kastar sig ur sängen, in i sin hytt, sätter på sig shorts och ett linne och rusar vidare upp på däck.

Och mycket riktigt. De ligger för ankar utanför

hamnen till en ganska platt ö med vita stränder kantade av palmer så långt ögat kan nå.

– Hallå där, sjusovare, hör han mammas röst bakom sig och i nästa sekund får han en salt och våt jättekram.

– Men mamma, säger han förmanande. Du blöter ju ner mig. Sedan tittar han förvånat på henne. Har du redan badat?

– Jajamensan, ler hon. Vattnet är helt fantastiskt. Varmt och alldeles klart! Och du ska bara se vilka fiskar som simmar runt här.

– Häftigt, säger Gilbert. Men var är vi?

– Vid en ö som heter Abaco, den tillhör ögruppen Bahamas.

– Men varför ligger vi inte i hamnen?

– För att vi ska kunna bada, svarar mamma.

– Okej, säger Gilbert. Och vad gör de andra?

– De flesta äter frukost. Om du skyndar dig så finns det säkert nåt kvar till dig.

– Vad bra, konstaterar Gilbert och lunkar iväg till matsalen. Jag är urhungrig.

Alla sitter i matsalen och äter frukost. Alla utom mamma och Micke.

– Sovit gott, va? säger Mia.

– Mmm, mumlar Gilbert.

Sedan tittar han på Linn och Gerda. Båda två är blöta i håret.

– Har ni också badat? undrar han lite surt.

– Ja, men det är väl klart, svarar Gerda. Det var ju det första vi gjorde.

– Varför sa ni inte till mig? undrar Gilbert ännu surare.

– Vi försökte faktiskt väcka dig, försvarar sig Gerda. Eller hur, Linn?

Linn nickar.

– Men det gick inte, säger hon kort.

– Vadå gick inte? undrar Gilbert.

– Du bara snarkade vidare och vände dig om, fnissar Gerda. Eller hur, Linn?

Linn nickar igen.

– Jag snarkar inte, säger Gilbert, och nu är han riktigt arg.

– Jodå, fnissar Gerda vidare. Du snarkar värre än vår hund.

– Sluta retas nu, avbryter Mia och sveper ut med handen över frukostbordet. Ta precis vad du vill ha.

Gilbert tittar på det dukade bordet. Där ser ut att finnas allt, utom möjligen nygräddade crêpes.

– Jag rekommenderar fruktsalladen, säger Tobbe och slevar upp en stor portion på sin tallrik.

– Ja, den går inte av för hackor, säger Mia. Och sen när ni är klara hjälps ni åt att plocka undan, eller hur?

Utan att invänta svar reser hon sig från bordet.

– För nu tänker jag ta ett dopp innan vi åker in och ser oss omkring på ön.

Gilbert häller upp kaffe och tar en smörgås. Han äter under tystnad medan Tobbe, Gerda och Linn pratar i munnen på varann om allt de ska göra på ön.

– Var är Micke förresten? undrar han när han äntligen lyckas få en syl i vädret.

Linn ger honom en lång blick.

– Jag skjutsade i land honom för han behövde prata med nån på hamnkontoret, svarar Tobbe.

– Jaha, säger Gilbert.

– Vi tar med honom tillbaka sen när vi tittat oss omkring i land.

– Ska inte han följa med? undrar Gilbert.

– Jag vet inte om han hinner, säger Tobbe. Vi seglar nog vidare redan i kväll och det är en hel del att stå i för en kapten.

– Jaha, säger Gilbert igen. Vad tråkigt för honom.

– Han överlever nog, säger Tobbe. Så fort vi kommer fram till St Barth får ju han också semester. Det är nog därför han vill segla på så snabbt som möjligt.

När de dukat undan och plockat av sätter de på sig badkläder och klättrar nerför stegen. Vattnet är verkligen fantastiskt. Varmt och alldeles sammetsmjukt och hundratals fiskar, randiga, prickiga, fläckiga, knallgula, röda och blå simmar runt honom och de verkar inte ens rädda. Det är nästan så att han kan röra vid dem. Gilbert vill aldrig gå upp igen och han har inte ett dugg lust att åka in till Abaco.

– Men kom upp nu då, Gilbert, förmanar mamma från däck. Det är klart du ska följa med i land.

Han skakar på huvudet.

– Om det är okej är jag hellre kvar här, säger han. Det är så himla mysigt i vattnet.

Mamma höjer ena ögonbrynet.

– Du får absolut inte bada helt själv!

Gilbert biter sig i läppen. Hur kunde han säga något så dumt?

– Nej, det fattar väl jag också, säger han och tycker att han låter som om han aldrig ens funderat på att bada helt själv. Det var inte så jag menade. Tror du att jag är dum eller nåt?

Mamma ger honom en bekymrad blick.

– Om sanningen ska fram vet jag inte riktigt vad du menar med nånting nu för tiden, suckar hon. Är du säker på att du inte vill följa med?

Gilbert slås plötsligt av en intressant tanke. Några timmar ensam på båten skulle innebära att han hinner luska ut en hel del saker. Till exempel skulle han kunna kolla vad det var för papper Micke smusslade undan. Och dessutom skulle han gärna titta lite mer i den där pärmen. Han nickar energiskt.

– Det skulle faktiskt vara rätt skönt att vara ensam en stund, säger han. Du vet, bara vara i fred och ligga och läsa lite …

Mamma suckar igen.

– Som du vill, säger hon. Men du ska vara uppe ur vattnet innan vi åker och glöm inte att smörja in dig med solkräm. Brända ungar är det värsta jag vet.

Gilbert kliver upp på badstegen med en gång för att visa sin goda vilja och tar emot badhandduken mamma räcker honom.

– Var är solkrämen? säger han sedan och ler.

Gilbert står vid relingen och vinkar när de kör iväg, och när de kliver i land i hamnen skyndar han sig till styrhytten trots att han egentligen inte har bråttom alls. De kommer garanterat att vara borta minst ett par timmar. Och om de av någon anledning skulle dyka upp tidigare vet han att man hör motorn på långt håll.

Han trycker försiktigt ner handtaget på dörren till styrhytten. Sedan rabblar han en lång radda väldigt fula ord. Dörren är låst. Han går runt den och upptäcker att ett av fönsterna står på glänt. Om han bara hittar något långt och smalt så att han får av haken kan han klättra in genom fönstret sedan. Så minns han Gerdas extra långa blyertspenna, den som hon fick av den där killen i klassen som hon är kär i.

Han rusar iväg till hytten och rotar igenom Gerdas packning, hittar pennan på bottnen av väskan och rusar tillbaka till styrhytten. Den räcker precis. Han får tag under haken och börjar försiktigt lyfta upp den. Precis när den nästan släpper kroken säger det knak och Gerdas penna är i två delar. Fler fula ord kommer ur hans mun samtidigt som han känner en liten oro i magtrakten.

Gerda kommer inte att bli glad. Men han har inte tid att fundera över det just nu. Han måste få upp fönstret. Han tänker så att det knakar innan det slår honom.

– Köket naturligtvis, säger han för sig själv och så bär det av igen.

Han tar med sig en lång brödkniv tillbaka och den här gången lyckas han verkligen få upp fönstret. Att klättra in är ingen match och nu gäller det bara att hitta pappret. Han öppnar flera skåp och ett par lådor innan han får syn på det, gömt under några sjökort. Med darrande händer plockar han fram det, vecklar ut det och lägger det på golvet.

– Det var som …, viskar han upphetsat.

Kartan ser ut att vara gammal och väl använd och några öar är markerade med kryss, däribland Abaco. På andra ställen har någon skrivit frågetecken och på några ställen finns det utropstecken med siffror intill. Men siffrorna är så små att det är svårt att se vad det står. Även om Gilbert har gott om tid har han ingen möjlighet att tolka vad allt detta betyder nu. Och han kommer förmodligen inte få tillfälle att titta på den igen. Ta den törs han garanterat inte göra, men på något sätt måste han få möjlighet att studera den igen. I lugn och ro, och inte minst vill han gärna visa den för Linn. Då vibrerar det i mobiltelefonen. Han tar upp den ur fickan på shortsen. Meddelandet är från Linn.

"Du skulle ha följt med", skriver hon. "Jag saknar dig. Det är faktiskt jättefint här och de har jättegoda ananasdrinkar. Vi ses."

Gilbert ler. Hon har tydligen förlåtit honom och han är precis på väg att skicka ett svar när han kommer på det.

– Jag kan ju fotografera kartan!

Han gör ett försök, men bilden blir så liten att det omöjligt går att tyda någonting. Då minns han Gretas kamera. Det kommer naturligtvis inte heller bli en stor bild, men garanterat större. Han klättrar ut genom fönstret, rusar till sin hytt, hämtar kameran och sitt förstoringsglas och sedan tar han samma väg tillbaka.

Just när han stoppat kameran i fickan öppnas dörren till styrhytten. Micke står utanför. Han är alldeles svart i ögonen och han håller en stor brödkniv i handen.

7. Gilbert slutar helt upp med att andas och stirrar förfärat först på Mickes svarta ögon och sedan på brödkniven i hans hand.

– Vad i helvete gör du här? undrar Micke med en röst som vibrerar av vrede. Låsta dörrar brukar betyda att man ska hålla sig därifrån.

– Äum ... jag ... alltså, börjar Gilbert, men han kan för sitt liv inte komma på någonting vettigt alls att säga.

Han tittar på brödkniven, tar ny sats och försöker igen.

– Jag menar ... jag ... äum ... alltså.

– Du är lite för nyfiken för att det ska vara riktigt nyttigt för dig, morrar Micke. Ge mig den där kartan och pallra dig sen iväg härifrån!

Gilbert får väldigt bråttom att göra som han blivit tillsagd. Han viker snabbt ihop kartan, reser sig från golvet och räcker över den till Micke.

– Och lämna inte vassa knivar på däck, fortsätter Micke. Nån kan skada sig på dem!

– Nej, jag lovar, mumlar Gilbert och håller sig på

så långt avstånd han kan när han passerar Micke med kniven för att komma ut på däck.

– Gilbert, väser Micke innan han hunnit runt hörnet. Vi låter det här stanna mellan oss. Och om jag vore du skulle jag inte snoka mer. Är det uppfattat?

Gilbert nickar och försvinner sedan så snabbt han kan ut på akterdäck. Han ställer sig vid relingen och känner hur han skakar i hela kroppen.

Varför hörde jag honom inte? tänker han. Visserligen smyger han som en indian på land, men motorn till lilla båten hördes ju nästan hela vägen in till hamnen. När han tittar ner på badbryggan får han förklaringen. Båten ligger förtöjd intill den och årorna sitter fortfarande kvar i årtullarna.

– Ibland är det bra med lite motion, säger Micke bakom honom och låter plötsligt helt normal på rösten.

Med ett par inplastade sjökort under armen klättrar han ner till badbryggan, kliver i båten och börjar ro mot land.

– Jag ska bara lämna in de här på hamnkontoret och hämta de andra! ropar han. Så du har ingen tid att hitta på fler dumheter, om det nu var det du hade i tankarna.

– Jag lovar! ropar Gilbert tillbaka.

Och det är alldeles sant. Han har ingen som helst önskan att bli överraskad av Micke en enda gång till. Det är illa nog att han måste stå till svars inför Gerda för den trasiga pennan.

Under dagarna som följer gör Gilbert allt han kan för att undvika Micke. Och han är mycket noga med att aldrig hamna i enrum med honom. Men han observerar honom hela tiden på avstånd. De seglar från den ena ön till den andra och medan alla andra badar, åker vattenskidor och gummiring efter snabba båten, slappar eller gör utflykter på de olika öarna, uppsöker Micke hamnkontor och diverse olika kaptener och annat sjöfolk som finns i hamnarna. Något skumt håller han garanterat på med, det är Gilbert fullständigt övertygad om, men han törs inte försöka ta reda på vad, och han har ingen att dela sina misstankar med.

Eftersom Linn äntligen förlåtit honom och inte längre stänger honom ute, vill han inte riskera allt genom att berätta vad han ser och vad han vet. Han har inte ens berättat om kartan. Kanske är det därför han blir så förvånad när hon plötsligt håller upp kartan i början av *Skattkammarön* framför honom.

– Kolla här, säger hon och reser sig upp ur vilstolen på soldäck. Vet du, det känns nästan som om jag har sett en sån här karta nånstans förut.

Hjärtat gör ett litet skutt i Gilberts bröst.

– Du kanske har sett nåt liknande i nån annan sjörövarbok, föreslår han lite försiktigt, så att hon inte ska börja ana oråd.

– Jag brukar inte läsa sjörövarböcker, upplyser Linn. Det här är nog faktiskt den första.

– Men det brukar Micke, säger Gerda. Han är jättefascinerad av pirater.

– Jaså, säger Gilbert intresserad. Hur vet du det?

– Han har berättat det.

– Vad har Micke berättat? undrar Linn

Och Gilbert vet inte om han inbillar sig eller om hon faktiskt låter lite irriterad på rösten.

– Han har berättat om Long John Silver bland annat, säger Gerda.

– Vem? undrar Linn.

– Han i *Skattkammarön.*

– Men han var ju jätteond, säger Gilbert.

– Inte på riktigt, försäkrar Gerda. Han friköpte slavar och så var han bara ute efter att folk skulle få leva sina egna liv. Fast de som gick emot honom kunde

81

det förstås gå illa för. Han hade ihjäl folk då och då.

– Hur vet du det? undrar Linn. Jag menar att han friköpte slavar och sånt?

– Micke har läst hans memoarer. Han tyckte att de var jättebra.

– Lägg av, säger Linn trött. Long John Silver har inte funnits på riktigt.

Gilbert håller med.

– Det är faktiskt en påhittad person, säger han.

Gerda rycker på axlarna.

– Då är det väl nån annan som har skrivit hans på-hittade memoarer, säger hon. Men Micke tyckte i alla fall att de var bra.

Linn suckar.

– Det finns inga pirater på riktigt, Gerda. I alla fall inte nu längre. Du har alldeles för livlig fantasi.

Hon lutar sig tillbaka i stolen igen och slår upp andra kapitlet i *Skattkammarön*.

– Och det gäller för dig också, tillägger hon vänd mot Gilbert innan hon fortsätter läsa.

Gerda rycker på axlarna igen och går bort till reling-en. Gilbert följer efter och ställer sig bredvid henne.

– Förlåt att jag hade sönder din penna, säger han för säkert trettionde gången.

– Jaja, säger hon. Sluta tjata om det nu. Jag tänker inte strimla dig i tunna skivor.

– Tack, säger Gilbert, och sedan tittar de ut över havet som ligger alldeles stilla.

– Jag tror ändå att de finns, säger Gerda efter en stund.

– Vilka då?

– Piraterna. Det är nog bara det att de inte är så lätta att upptäcka.

– Vad menar du? undrar Gilbert.

– Ja, de går väl inte runt med träben och lapp för ögat och sjörövarflagga nu för tiden, säger Gerda lätt. De ser säkert ut som folk gör mest.

Gilbert nickar instämmande och kommer att tänka på Greta.

"Jag tycker att det här ser ut som en ring som en riktig pirat skulle ha haft. En sån där pirat som verkligen fanns eller finns. På riktigt."

Det var så hon hade sagt när hon fick ringen av Gilbert.

– Titta, säger Gerda plötsligt. Det är nåt konstigt med havet.

Gilbert tittar och skakar sedan på huvudet. Men när han ser efter en gång till ändrar han sig.

– Ja, det är nåt skumt med färgen. Den är på nåt vis annorlunda. Mörkare?

De tittar upp mot himlen. Inte ett moln så långt ögat kan nå och vattnet ligger stilla ända borta vid horisonten.

Fem minuter senare är ovädret över dem. Båten kränger i vågorna och blixtarna korsar varann på den svarta himlen. Då får de syn på Tobbe som kommer emot dem, kämpande i vinden.

– Vi lägger till vid ön där borta.

Han pekar föröver och de kan skönja något som skulle kunna vara ett berg en bit bort i mörkret.

– Ni ska in under tak, kommenderar han. Och ni ska stanna där tills vi säger till.

Gilbert, Gerda och Linn gör som de har blivit tillsagda. De sätter sig i en av sofforna i matsalen och Linn kryper så tätt intill Gilbert att hon nästan klättrar upp i hans knä.

– Tänk om vi inte hinner fram, kvider hon.

– Äsch, säger Gilbert med stadig röst. Det är klart att vi gör. Micke och Tobbe är ju jätteskickliga.

Just då kränger båten till så våldsamt att de kastas ner på golvet och i nästa ögonblick slocknar ljuset och det blir kolsvart ombord.

8. Det är Tobbe som kommer till undsättning igen.

– Hur gick det? undrar han oroligt. Ni gjorde väl inte er illa?

Allihop skakar på huvudet.

– Bra, säger Tobbe. Nu är vi alldeles strax där. Vi kör med batteriet just nu, men så fort vi lagt till ska vi fixa generatorn så vi får ström igen.

Och precis så blir det. När ovädret lagt sig och solen tittar fram har de redan lagt till vid den lilla ön. Micke och Tobbe lagar raskt generatorn och plötsligt är allt precis som det var innan stormen.

– De varnar för fler oväder, säger Micke. Vi gör nog bäst i att stanna över natten. Men det tar bara några timmar till St Barth. Så om vi seglar tidigt på morgon hinner vi fram till lunch.

Gilbert suckar tungt inombords. De ska alltså tillbringa julaftons morgon på båten. Han tänker på alla julaftnar han firat själv med mamma. Hur de brukat klä granen tillsammans, lägga alla paket under, tända ljus och äta pepparkakor och saffransbullar. Och det hände till och med vissa år att snön singlade ner utanför fönstret. Han blir avbruten i tankarna av Linn.

– Kom, säger hon. Vi går på upptäcktsfärd!

Mot det har Gilbert inget att invända. Det känns alltid som en befrielse att komma av båten. Och framför allt att komma bort från Micke.

De går längs stranden när Linn plötsligt tar Gilberts hand i sin. Han blir så nervös att han blir alldeles svettig. Särskilt om händerna. Men Linn släpper honom ändå inte.

– Jag vet att du saknar snö och granar och allt sånt där, säger hon. Men det kommer du ju att få alla jular framöver. Titta bara hur häftigt det är här! Och hit kommer vi säkert aldrig tillbaka.

Han inser att hon har rätt och känner sig dum för att han är så gnällig och väldigt lättad över att han åtminstone inte klagat högt om att fira juldagsmorgon ombord. Även om Linn tydligen sett igenom honom. Sedan går de där tillsammans, hand i hand, i vattenbrynet. Solen skiner, vattnet är ljummet och alldeles turkost, palmerna vajar lite i vinden och alla typer av oväder känns långt, långt borta. Då släpper Linn hans hand och pekar upp mot en dunge med palmer och buskar en bit upp på stranden.

– Titta! utbrister hon. Vad är det där?

– Det ser ut som nån typ av koja, svarar Gilbert, och innan han har hunnit säga meningen färdig är Linn redan på väg.

Gilbert skyndar efter och båda stannar samtidigt framför den märkliga hyddan. Några solblekta knotiga stockar, torra grenar och palmblad, gamla vattenflaskor av plast, en trasig dunk och diverse annat skräp man kan hitta på stränder är hopbundet med torra och toviga gröna plastrep. Ovanför ingången hänger en träplanka som någon skrivit *hotell* på med svarta sneda bokstäver. Och utanför kojan står en låda med gamla trasiga flaskor som innehållit rom. I alla fall är det vad som står på lådan.

Linn tittar först förvånat på kojan och sedan börjar hon skratta.

– Hotell, flämtar hon. Jag måste ta en bild! Undrar just hur många stjärnor det här kan ha.

– Det beror naturligtvis på hur det ser ut inuti, säger Gilbert. Om det till exempel finns en pool.

Linn knuffar lekfullt till honom.

– Kom, så tittar vi efter.

Det finns ingen pool. Bara några torkade palmblad intill ena väggen som ser ut att ha tjänstgjort som madrass och vid väggen mittemot ligger en svart halvöppen väska. En illa medfaren bok har nästan glidit ur den ut på sandgolvet.

– Det är *Robinson Crusoe*, säger Linn förvånat. Hon böjer sig ner över väskan men drar tillbaka handen innan hon rört vid boken. Tror du att det bor nån här? undrar hon och tittar sig nervöst omkring.

– Nej, svarar Gilbert. Vi har ju gått runt mer än halva ön utan att ha sett skymten av nån. Och om det fanns nån här borde den väl ha gett sig till känna.

– Det kanske är nån som inte vill ge sig till känna, säger Linn. Nån som av nån anledning vill hålla sig gömd ... typ ...

– En pirat, säger Gilbert och flinar.

– Dumma dig inte, fräser Linn. Det finns väl andra som vill hålla sig undan.

– Vems väskan än är så tror jag inte personen som äger den finns på ön, säger Gilbert tålmodigt. Både kojan och väskan ser ut att ha klarat sig själva i åratal.

Linn kan inte annat än hålla med.

– Tror du att vi kan titta i den då?

Gilbert nickar och sätter sig på huk bredvid henne. Dels därför att han är nyfiken, dels som moraliskt stöd.

Linn drar fram boken. Det är verkligen *Robinson*

Crusoe. Men boken ser ut att vara väldigt gammal. Det finns ingen bild på omslaget, bara namnet på boken och författaren. Dessutom verkar den ha varit genomblöt och sedan torkat. Sidorna är alldeles hopklistrade och den går inte att öppna utan att pappret rivs sönder.

– Synd, konstaterar Linn och lyfter väskan för att stoppa tillbaka boken.

Vad hon inte ser är att hon håller väskan upp och ner. En massa fotografier rasar ut ur den och ner i sanden.

– Oj, säger Linn förskräckt och rafsar hastigt ihop bilderna och stoppar tillbaka dem i väskan tillsammans med *Robinson Crusoe*.

– Kolla om det finns nåt mer, uppmanar Gilbert.

– Gör det själv, svarar Linn och räcker över väskan.

Gilbert tittar nyfiket ner i den, men det enda väskan innehåller, förutom boken och bilderna, är en redan förbrukad undervattenskamera.

– Synd, säger han besviket.

– Ställ tillbaka den nu, säger Linn, men Gilbert skakar på huvudet.

– Jag tycker att vi ska ta med och visa den för din eller min mamma, säger han. Eller Micke eller Tobbe, tillägger han snabbt för att inte göra Linn på dåligt humör. Jag menar, det finns ju inget direkt värdefullt i ... men ändå.

– Okej, säger Linn. Men du får bära den. Ifall vi stöter på ägaren.

De håller inte handen när de går tillbaka mot båten, men Gilbert känner sig ovanligt upprymd. Det kan nog bli en helt okej jul ändå. När allt kommer omkring.

De har inte kommit mer än halvvägs till båten när

de plötsligt får syn på några som ligger mer eller mindre nakna på stranden och pussas och kramas. Gilbert behöver inte titta två gånger för att se vilka det är. Han tvärvänder och går snabbt tillbaka åt andra hållet. Linn springer ikapp honom och till Gilberts stora förvåning är hon inte arg. Men i rättvisans namn är det faktiskt hans tur att vara det nu.

– Gibbe, säger hon. Jag vet att du tycker att det är jobbigt. Men tänk så här: de gillar verkligen varann.

– Tänk själv! säger Gilbert kort och stövlar vidare.

Linn följer honom tätt i hälarna, men hon säger inget mer. Inte förrän de kommer till en gammal mur som verkar dela ön i två delar.

– Kolla, vilken mur, försöker hon då. Här har vi faktiskt inte varit tidigare.

Gilbert svarar inte. Han bryr sig inte heller om alla ödlor och lustiga fåglar som Linn kommenterar. Inte ens när hon hittar en flaska som ligger och skvalpar i strandkanten bryr han sig. Men då blir Linn faktiskt arg tillbaka.

– Sluta sura! skriker hon. Titta vad som ligger här.

– Det verkar vara en flaskpost, fortsätter hon. I alla fall ligger det nåt i den.

Gilbert går lite närmare men hummar bara till svar.

– Vad är det med dig? undrar Linn surt. Du brukar väl inte vara den som inte tycker att sånt här är spännande?

– Du vet precis vad det är, muttrar Gilbert.

Linn bryr sig inte om honom utan börjar dra och bända i korken på flaskan.

– Hjälp mig, pustar hon. Den sitter så hårt.

– Du brukar ju vara stark som en hel karl, säger Gilbert. I alla fall enligt Greta.

Men han tar ändå emot flaskan. Korken sitter verkligen fast. Han får använda all kraft han har i händerna, men till slut lyckas han faktiskt få upp den.

– Puh, säger han och räcker tillbaka flaskan till Linn. Det luktar rom. Jag gillar inte rom.

– Du gillar ingenting nu för tiden, konstaterar Linn och pillar upp det hoprullade pappret ur flaskan.

I nästa ögonblick sliter vinden pappret ur hennes hand och förpassar det en bra bit ut i vattnet.

– Idiot! väser Gilbert.

Han frigör sig snabbt från väskan och rusar ut i vattnet.

– Här, säger han när han kommer upp med salt-
vattnet rinnande från shorts och t-shirt. Det är väl lika
bra att du kollar. Det är ju du som är så himla intres-
serad.

Linn blänger på honom och rullar upp pappret.
Sedan flämtar hon till.

9. Linn håller upp det dyngsura pappret framför Gilbert.

– Det är en sida ur *Robinson Crusoe,* andas hon. Och den är på svenska! Den måste ju komma från boken i väskan! Den som bodde i kojan måste alltså ha varit svensk!

– Vad är det du säger! utbrister Gilbert.

– Ja, men, fortsätter Linn, är det inte helt konstigt att en svensk har varit här – med en *Robinson Crusoe-*bok på svenska? Han var i och för sig inte svensk, men han var också på en öde ö.

– Han var inte på en öde ö, säger Gilbert. Han var bara strandsatt. Det fanns massor av vildar runt omkring honom.

– Han var främlingsfientlig, säger Linn.

– Ja, ja, avbryter Gilbert. Kan jag inte bara få titta på pappret?

Han tittar närmare på sidan ur *Robinson Crusoe* och inser att Linn har rätt. Men det är inte bara texten ur boken som är på svenska. Någon har antecknat på svenska också. Men anteckningarna verkar vara gjorda

med bläck så de flesta har runnit ut och är alldeles sud-
diga.

– Idiot, säger Gilbert igen. Varför kunde du inte
ha hållit i den ordentligt? Nu har ju nästan allt suddats
ut.

– Du kunde ha gjort det själv, ger Linn igen och
lägger boksidan slätt ovanpå den svarta väskan.

De sätter sig bredvid varann och studerar det som
fortfarande finns kvar.

ROBINSON CRUSOE BOX 112

112

seglade mellan ett par av dem och den afrikanska
kusten, blevo vi tidigt en morgon överraskade av en
turkisk sjörövare, som satte efter oss med fulla segel. Också
vi satte till varje klut för att undkomma, men då vi
funno, att sjörövaren vann på oss och otvivelaktigt inom
några timmar skulle ha hunnit upp oss, beredde vi oss
till strid. Vårt skepp förde tolv kanoner, sjörövaren
aderton.

Omkring klockan tre på eftermiddagen hade han hunnit
upp oss, och då han av misstag angrep vårt fartyg lång-
skepps i stället för akter ifrån som han ämnat, gåvo
vi honom en salva med åtta kanoner, så att han måste
draga sig tillbaka efter att ha besvarat vår eld och låtit
sin nära tvåhundra man starka besättning avfyra sina
handgevär mot oss. Som vårt folk i tid hunnit söka skydd,
blev likväl icke en enda sårad, men sjörövaren beredde
sig till ett nytt anfall, liksom vi rustade oss till försvar.
Denna gång äntrade han oss från andra sidan och
lyckades få över sextio man på vårt däck, vilka omedel-
bart satte i gång med att bryta upp däcket och avhugga
tågvirket. Vi ansatte dem emellertid så med pikar, bössor
och granater, att vi tvenne gånger lyckades driva dem från
däcket. Men för att göra ett hastigt slut på denna sorg-
liga del av min historia, så må det vara tillräckligt sagt att
vårt fartyg blev ramponerat, tre eller fyra av de våra
dödade och åtta sårade, varjämte de övriga blevo tvungna
att giva sig och fördes såsom fångar till Saleh, en
morerna tillhörig hamn.

Den behandling jag här rönte, blev inte så ryslig
som jag väntat, och ej heller fördes jag som de andra
in i landet till kejsarens hov utan blev kvarhållen av
sjörövarkaptenen såsom hans särskilda pris. Och som han
fann mig ung och stark och lämpad för diverse arbeten,
gjorde han mig till sin slav.

BOMB! OM JAG DÖR

AKTA MICKE!

FARLIGARE ÄN VÄNTAT

UNDERÄTTA POLISEN.

OBS. VÄLDIGT VIKTIGT →

LIKALL'S

PENGAR

DIAMANTS

SKATTEN

– Det handlar helt klart om sjörövare, säger Gilbert bestämt. Sen får du säga vad du vill. *Sjörövaren beredde sig till ett nytt anfall,* läser han högt. Det är understruket.

– Ja, ja, svarar Linn irriterat. Man har väl rätt att ha fel.

– Och här, fortsätter Gilbert. *Skatt, pengar ...* och *... diam...* Diam måste väl nästan betyda diamanter.

Linn är på väg att säga något men avbryter sig innan hon ens börjat. Hon pekar på ett av orden i anteckningarna.

– Titta ... vad står det här? Står det verkligen ...

Gilbert stelnar till.

– Det ser ut som Micke, mumlar han. *Akta, Micke, farligare än väntat, underrätta polisen ...*

Linn tittar tvekande på Gilbert.

– Skulle det kunna vara den ... jag menar, vår Micke?

– Kanske, svarar Gilbert som fortfarande tar det för säkrast att vara diplomatisk. Han har faktiskt betett sig rätt märkligt den senaste tiden.

– Hur då märkligt?

– Han har en pärm där han samlat på artiklar om rika människor som eventuellt har varit här, han har sökt upp massa skumma sjömän på alla öar vi lagt till vid och det där pappret som han gömde för mig, det var en karta, inte ett sjökort, utan en vanlig karta över området. Och det fanns massa kryss och obegripliga anteckningar överallt ...

– Jaha?

– När han upptäckte att jag hittat kartan hotade han mig med en brödkniv. Han sa att jag skulle sluta snoka och inte berätta om det här för nån.

Linn drar djupt efter andan.

– Nu minns jag var jag såg en sån där karta som finns med i *Skattkammarön*, säger hon. Det var hemma hos Micke.

– Du ser, svarar Gilbert.

– Men varför sa du inget om kartan och kniven till mig? undrar hon upprört.

– Du skulle ändå inte ha trott mig, svarar Gilbert.

Linn tittar skuldmedveten på honom.

– Du har rätt. Förlåt. Det var dumt att jag inte trodde dig men ...

– Ja, ja, jag vet, avbryter Gilbert. Jag är svartsjuk och ni har känt honom jättelänge och ...

– Jag sa förlåt, upprepar Linn.

– Det är okej. Men nu är frågan bara vad han håller på med. Och varför den här personen verkar så rädd för honom. Och för vem eller vilka han är farlig ...

Linn ryser till och sedan fastnar hennes blick på anteckningarna igen.

– Vänd på sidan, säger hon upphetsat. Kolla där: *Obs: väldigt viktigt.* Fortsättningen måste ju stå på andra sidan.

Gilbert lyfter försiktigt upp det blöta pappret och vänder på det. Inte en enda av anteckningarna går att tyda.

– Skit också, säger Gilbert.

Linn tittar på honom med skrämda ögon.

– Vi måste vara väldigt försiktiga, säger hon. Och vi måste se till att de andra inte råkar illa ut.

Gilbert funderar högt.

– Vi kanske skulle kunna visa det här för ...

– För vem då? avbryter Linn. Din mamma är alldeles för kär och mina föräldrar har som sagt känt honom jättelänge. Ingen skulle tro oss.

Gilbert har inget att säga emot. Han inser helt och hållet att hon har rätt.

De smyger tillbaka till båten, går ombord och tar sig till hytten utan att stöta på en levande själ. Gilbert gömmer väskan i sin hytt så att inte Gerda ska råka hitta den, och precis när han fått in den under kojen och lagt kläder och handdukar över knackar det på dörren. Linn kliver in utan att vänta på svar och hon har sin mobiltelefon i högsta hugg.

– Kommer du ihåg Gretas tomte? undrar hon. Den där som såg ut som en pirat?

Gilbert nickar.

– *Vissa tomtar kan man inte lita på.*

– Precis, säger Linn. Vad menade hon med det?

– Det funderade jag också på, erkänner Gilbert.

– Vi skickar ett sms och frågar, föreslår Linn.

Det gör de. De skickar till och med varsitt. För säkerhets skull.

"Vad betydde tomten? Menar du att vi ska se upp för folk som verkar snälla? Tänker du i så fall på nån särskild?"

Sedan går de upp i matsalen och hjälper till att duka.

Sällan har Linn pratat så lite under en måltid. Det är som om de måste dra vartenda ord ur henne, och när Micke blinkar kamratligt åt henne ser Gilbert att hon gör sitt bästa för att le naturligt och blinka tillbaka. Men i Gilberts ögon ser det mer ut som en grimas. Så fort de ätit klart och plockat undan går de raka vägen till hytten och sätter på sina mobiler. Inget svar har kommit från Greta.

– Tänk om det har hänt henne nåt, säger Linn bekymrat.

– Det är nog ingen fara, svarar Gilbert, men han är inte helt övertygad själv.

– Men hur ska vi göra nu då? fortsätter Linn. Jag ska se till att mamma och pappa verkligen låser sin hytt i natt. Men hur gör vi med din mamma? Du borde kanske sova där i natt? Du kan väl säga att du har drömt mardrömmar eller nåt?

Gilbert stirrar på henne. Mamma och Micke på stranden rullar upp som en film framför ögonen på honom.

– Aldrig i livet! utbrister han. Hellre dör jag!

Och det är faktiskt nästan sant. Till slut kommer de fram till att de ska hålla vakt halva natten var och eftersom Gilbert ska ta över vid ettiden lägger han sig på en gång i sin egen hytt och lyckas faktiskt somna.

Men han har inte sovit i mer än någon timme när mobilen ger ifrån sig meddelandesignalen. Sömndrucket kliver han upp och klickar fram meddelandet. Det är från Greta.

"Ta det lugnt. Det är ingen fara!"

Gilbert pustar ut och lägger sig igen. Men han hinner knappt stänga ögonen innan meddelandemelodin spelas upp igen. Det är väl från Linn, tänker han och tittar efter. Men sms:et kommer inte från Linn. Det är ett nytt meddelande från Greta.

"Ta det lugnt. Det är ingen fara!"

– Ja, ja, säger Gilbert för sig själv. Du sa det.

Han skriver ett svar:

"Tack för hjälpen. Vi hörs i morgon/kram Gilbert."

Han lägger sig igen, men den här gången är det svårare att somna. Han är inte ens i närheten när nästa meddelande kommer. Ännu ett sms från Greta.

"Ta det lugnt. Det är ingen fara!"

Konstigt, tänker Gilbert. Varför säger hon det så många gånger?

Han drar på sig en t-shirt, tar med sig mobilen och går ut för att leta upp Linn. Mobilen tjuter nästan omedelbart i hans ficka.

"Ta det lugnt. Det är ingen fara!"

Men nu känner sig Gilbert inte lugn alls. Han rusar in i Linns och Gerdas hytt utan att ens knacka. De är inte där. Där är bara Micke. Samtidigt kommer ett nytt meddelande på mobilen.

"Ta det lugnt. Det är ingen fara!"

10. Micke uppför sig nästan som om han blivit tagen på bar gärning.

– Vad gör du här? säger han. Jag trodde du sov.

Gilbert ger honom en hatisk blick.

– Var har du gjort av dem? Var är de nånstans?

– Gilbert, säger Micke lågt, gå och lägg dig igen. Eller ta en kopp te.

– En kopp te? Gilberts röst glider nästan upp i falsett. Jag vill inte ha nåt jäkla te. Jag vill veta var de är!

Micke tittar förvånat på honom.

– Det var inte meningen att du skulle veta om det här.

Gilbert tror knappt sina öron.

– Du är inte klok, säger han dovt. Tror du att du kan gå runt och göra vad som helst utan att jag märker det?

– Nej, det är tydligt att det inte går, säger Micke. Men det här var liksom tänkt att bli en överraskning.

Då får Gilbert syn på ett litet rött paket med grönt snöre i Mickes ena hand.

– Ja, ja, säger Micke. Nu vet du. Men du kanske

inte behöver säga nåt till Gerda och Linn.

Först då går det upp för Gilbert vad det är Micke håller på med. Han gömmer deras julklappar i hytten.

– Nej, det är klart att jag inte säger nåt, säger Gilbert och skäms som en hund. Var är de förresten?

– Jag lyckades lura iväg dem till matsalen, säger Micke. Jag tror de dricker te.

– Okej, bra ... vi ses, får Gilbert ur sig, och sedan går han så fort han kan, utan att springa, till matsalen.

Han nämner ingenting om vad Micke gjort i deras hytt. Istället visar han Linn sin mobiltelefon.

– Titta vad jag har fått av Greta, säger han. Hon har skickat samma meddelande tjugotvå gånger. Vad tror du hon menar med det?

– Ingen aning, svarar Linn. Jag har bara fått ett.

– Vad skrev hon då? undrar Gilbert.

– Samma som till dig.

– Men varför skickar hon det så många gånger till mig? undrar Gilbert.

– Det där har hänt mig också ett par gånger när jag varit utomlands, säger Mia som dykt upp bakom dem. Det blir tydligen fel i nån server ibland. Stäng av mobilen i natt, så du slipper vakna hela tiden.

Linn och Gilbert utbyter en kort blick. Mia har ju

ingen aning om att Gilbert ska vara vaken resten av natten. Då kommer Tobbe upp.

– Hej, älskling, säger Mia. Vill du också ha lite te?

– Nej tack, kanske lite senare. Inga fler oväder väntar nämligen. Vi seglar vidare nu så vi kommer fram till St Barth sent i natt.

– Hela julafton på St Barth! vrålar Gerda och skuttar upp från bordet så att teet skvimpar ur alla koppar.

Gilbert och Linn håller med, fast mer stillsamt. Hela julafton på St Barth verkar mer än bra. Men natten kommer att bli lång. I alla fall för Gilbert.

Och det blir den verkligen. Han lyckas hålla sig vaken hela natten. Linn erbjuder sig att dela upp resten av timmarna, men eftersom Gilbert redan har sovit lite grann tror han sig nog kunna klara det själv. Han sover i sin egen hytt för att inte störa Linn och Gerda med ljuset från sänglampan. För läser gör han nämligen hela tiden. Han läser om hela *Skattkammarön* och några kapitel ur *Robinson Crusoe*, och när mamma försiktigt knackar på dörren till hans hytt på julaftons morgon har han möjligen slumrat till några gånger, men sovit djupt, det har han garanterat inte. Ändå känner han sig piggare än på länge.

– God jul, min älskling, säger mamma och ger

honom en julkram. Skynda dig in till Linn och Gerda. Hon ser hemlighetsfull ut. Jag tror nämligen att Micke har nåt på gång där.

Gilbert vänder bort blicken. Han vet precis vad Micke håller på med i Linns och Gerdas hytt. Därför orkar han inte riktigt se mamma i ögonen.

– Visst, svarar han bara och slänger på sig shortsen och en skjorta.

– Tur att vi kommer i land nu, säger mamma. Jag tror verkligen att de där shortsen behöver tvättas.

– God jul, mamma, säger Gilbert lågt och försvinner ut ur hytten för att några sekunder senare dyka upp hos Gerda och Linn.

– God jul, ler Micke med tomteluva och allt. Någon piratlapp för ögat har han däremot inte. Då var visst alla snälla barn samlade.

Gerda tittar förväntansfullt på honom från sin koj. Linn ser aningen mer misstänksam ut.

– Det är ingen fara, viskar Gilbert. Tror jag i alla fall, tillägger han ännu tystare.

– Linn, säger Micke. Du letar högt. Gerda mittemellan och Gilbert lågt.

Gerda kastar sig ur kojen och letar som en galning både högt, lågt och mittemellan. Micke ler.

– Sen äter vi lite frukost innan vi checkar in på hotellet.

Gilbert och Linn nickar. Gerda hör inte ens eftersom hon har stuckit in hela huvudet i ett av skåpen som faktiskt ligger mittemellan.

– Kolla här! vrålar hon och håller upp ett rött paket med grönt snöre. Den är min för den låg i mitten!

Men trots att hon bara brinner för att få öppna sitt paket är hon ändå tillräckligt finkänslig för att vänta tills Linn och Gilbert hittat sina som ser exakt likadana ut. Paketen innehåller tre likadana amuletter, en liten sjöjungfru på en silverkedja. Gerda som ju inte har en aning om allt som hänt sätter genast på sig sin. Linn är mer tveksam.

– Det är klart vi måste ha dem på oss, säger Gilbert lågt och sätter på sig sitt halsband. Annars kommer han ju ana oråd.

Linn nickar och Gilbert hjälper henne att knäppa det lilla låset i nacken så att hon inte ska trassla in håret i det.

– Det är ett fint smycke, konstaterar hon och tittar ner på den lilla sjöjungfrun.

– Titta, de har en liten sten i ögat, upplyser Gerda. Min har en blå. Vad har era?

Linn tittar efter.

– Min är grön, säger hon.

– Min har ett rött öga, konstaterar Gilbert.

– Det onda ögat! utbrister Gerda och börjar skratta så att hon måste lägga sig i Linns koj och hålla sig för magen. Det är väl typiskt dig, Gilbert. Att få det onda ögat. Där fick du för att du hade sönder min penna!

Varken Gilbert eller Linn tycker att det finns någonting roligt alls med det.

Julklappsutdelningen fortsätter under frukosten i matsalen där Mia, mamma och Tobbe har dukat upp ännu mer än vanligt. Mia har till och med lyckats klä några palmblad med julgranssaker.

– De hade ramlat ner, försäkrar hon snabbt när hon ser Linns bistra min. Jag har inte plockat dem från trädet!

– Nå, säger Micke. Vad tyckte ni om halsbanden?

– Jättefina, strålar Gerda och ger honom en kram.

– Jättefina, håller Gilbert och Linn med och ger Micke varsin kram de också. Så att han inte ska börja ana oråd.

– För en sjöman betyder de tur, berättar Micke. Man bär en sån för att skydda sig mot olycka. Och det kan ju vara lite bra ibland, eller hur?

– Har ögonfärgen nån betydelse? undrar Gilbert
beskt.

– Naturligtvis, säger Micke. Vilken färg fick du?

– Röd, svarar Gilbert. Vad betyder det?

– Röda ögon är för den som behöver lite extra
skydd, säger Micke och ler.

Linn ger Gilbert en hastig blick samtidigt som hon
häller upp te åt både sig och Gerda.

– Ja, det kan kanske vara bra, mumlar Gilbert och
häller kaffe med varm mjölk i sin kopp.

– Och nu kommer vi till resten av julklapparna,
säger Tobbe.

– Men vi skulle ju inte ge nånting, säger Gerda
med bekymrad min. Jag har ingenting med till er bara
för att ni sa …

– Jag vet vad vi sa, avbryter Mia, men det är ingen-
ting dyrt och märkvärdigt. Jag lovar. Vi tyckte bara att
det var kul med julklappsutdelning så här på morgon-
kvisten. Och det är inga rim som på Gretas klappar.

Medan de äter öppnar de sina paket. Gilbert får en
faktabok om skepp av mamma och en faktabok om
djur och växter i tropiska hav av Linns familj.

– Jag hade ingen aning om den, mimar Linn över
sin tredje kopp te.

Och sedan får han en till klapp av Micke.

– Den i hytten var från oss alla, förklarar Micke medan Gilbert öppnar.

Ett jättefint cyklop med snorkel dyker upp ur pappret.

– Tack, säger Gilbert och känner sig alldeles ställd. Tack så väldigt mycket.

– Jag tänkte att vi kanske kunde dyka tillsammans, säger Micke. Det finns en hel del rev med fantastiska fiskar och koraller här omkring.

Gilbert blir alldeles kall. Dyka vid korallrev ensam med Micke. Då behövs det nog mer än en sjöjungfru med röda ögon för att skydda honom. För det har man ju hört talas om. Hur lätt det är att försvinna när man dyker vid ett rev. Men han håller masken.

– Tack. Det låter jättekul.

Som tur är får Linn också ett cyklop och en snorkel av sina föräldrar. Dessutom får hon ett rött sidennattlinne av Gilberts mamma och Micke och en dagbok som har pärmar i tyg med kinesiskt mönster i rött och guld som de vuxna låtsas är från Gerda. Gerda får också cyklop och snorkel, en blå sidenmorgonock och en dagbok med kinesiskt mönster i blått och guld.

– Egentligen borde Gilbert ha fått dina saker, säger

hon till Linn. Det var ju hans sjöjungfru som hade röda ögon.

– Jag är väldigt nöjd med mina julklappar, skyndar sig Gilbert att säga. Tack så jättemycket, allihop.

Efter julaftonsfrukosten packar alla ihop sina saker och sedan lämnar de båten, Gilbert med stor lättnad, och flyttar upp till hotellet. Det är ett ganska litet hotell som ligger en bit upp i bergen alldeles utanför huvudstaden Gustavia, som för övrigt mer ser ut som en by än en huvudstad. Men trots att mamma försäkrat att det faktiskt är ett ganska billigt hotell, i alla fall inte overkligt dyrt, tycker Gilbert att det är jättelyxigt. Han och Linn får dela rum själva den här gången eftersom Tobbe och Mia har ett större rum med balkong med utsikt över havet. Och alltså får Gerda sova hos dem.

Gilberts och Linns rum har bara utsikt mot trädgården. Vilket inte är så bara. De har till och med en liten altan som de kan gå ut på, och trädgården svämmar över av buskar och träd med blommor i gult, rött, orange, vitt och blått, och när de öppnar altandörren flyger en röd fjäril som är nästan lika stor som Linns hand förbi. Ungefär samtidigt får båda syn på den pyttelilla fågeln som egentligen påminner mer om en liten humla där den står nästan still vid en gul blomma och suger i sig nektar. Det är bara vingarna som rör sig och de rör sig så fort att de knappt syns.

– En kolibri, andas Gilbert och Linn med en mun.

– Vilket ställe, mumlar Gilbert.

– Jag sa ju det, svarar Linn. God jul! Jag ska titta mer sen, men nu måste jag faktiskt packa upp.

– God jul, själv, säger Gilbert.

Han står kvar på altanen i säkert tio minuter och när han kommer in igen och tror att Linn är klar inser han att han har alldeles fel.

– Jag har nästan packat upp, säger hon och låter åtminstone lite stressad. Men sen måste jag kolla vad jag ska ha på mig också.

Gilbert suckar och sätter sig på sängen. Det prasslar till under honom och när han reser sig upptäcker han att han har satt sig på en tidning.

– *Aujourd'hui à Saint-Barth*, läser han på framsidan. Den är på franska!

– Ja, det är väl klart, säger Linn inifrån badrummet. St Barth är ju franskt igen, sen mer än hundra år.

– Jag vet, svarar Gilbert och börjar bläddra i tidningen. Franska är dessvärre inte hans starka sida. Men han kan ju alltid titta på bilderna.

SAINT BARTH STYLE
Rue Lafayette - Gustavia

BANANA MOON
LIVIA - BIP BIP

AuJourd'hui
à Saint-Barth

N°309 jeudi   Tirage : 4500 ex.

LE JOURNAL DES ANNONCES

LE PIRATE
RESTAURANT
la cuisine aux milles trésors

N'ayez pas peur, c'est bon

GALERIE LA PHOTO VOLÉE
présente : KAJA

WATERBOMBS

MARATHON DE SAINT-BARTH

Mission de promotion pour la 15e édition de la Gustavia Loppet qui se déroula le dimanche 20 novembre 2005, auprès d'autres clubs d'athlétismes, la course a eu lieu ce dimanche 28 novembre à 6h30 à Anguilla au profit du Sida action avec également des lots. 1 course de 5 km, 1 de 10 km et 1 demi marathon; déplacement pour plus de 100 coureurs, répartis dans les 3 courses, des clubs d'Antigua &

Barbuda, St-Martin, St Kitts, Anguilla, ainsi que d'autres pays présents Suède, Floride...

Au niveau de la promotion pour St -Barth c'est mission accomplie, car beaucoup de coureurs ne connaisaient pas la course et seront intéressés pour l'an prochain ; d'autre part St Barth se trouve sur le podium avec un bon classement puisque nous terminons 3e, classement du semi marathon (21,150 km) :

1er **Johushe Dale** - Antigua en 1h18 30s, 1000$
2e **Patrick Triva** - SXM 1h20 05s, 500$
3e **Emmanuel Cau** - St Barth 1h20 40s, 250$
4e **Emmanuel Gaulupe** de SXM, 150$
5e **Fredrika Lindquist** - de la Suède 100$

Un grand merci à Patrick et au St-Barth Athletic Club qui a permis ce déplacement jusqu'à Anguilla ce week end.

Emmanuel CAU

Lundi 6 décembre : Regatta
Mardi 7 décembre : Windspirit
Mercredi 8 décembre : Empress of the Seas

VIE LOCALE :
La retour des Pirâtes

Dimanche matin, les habitants de Gustavia n'ont pas cru leurs yeux. Dans le port, et à l'entrée du bassin se baladaient une vingtaine des bateaux de plaissance, déguisés en "navire de pirâte".
Mais personne avait peur, car il s'agissait seulement d'un coup de publicité bien visé de la part du restaurant Le Pirate. Au lieu des tir des canons et des coups de sabre, les visiteurs ont eu droit à des glaces à la vanille gratuites.

TRADITION:
La Paille de Coco tressée

Justine Leroy nous a convaincu : ses sacs, ses chapeaux, ses corbeilles et autres produits du quotidien se tresse vraiment mieux en paille de coco .

SAINT-MARTIN :
Election de Miss Caraibes...

Qui succèdera à Renée Sloane-Seale, Miss Caraibes 2003? Encore quelques jours de patience. Quoi qu'il en soit, toutes les miss sont déjà arrivées à Saint Martin et se décontractent à quelques jours de l'élection. Au programme, équitation, visite de la ferme aux papillons, rencontre avec les élus de St Martin, ou encore visite à Anguille. Elles participent aussi à de nombreuses soirées organisées en leur honneur. Cette année, le Comité d'organisation sous la baguette de Patrick Eugène met les petits plats dans les grands et nous promettent une soirée exceptionnelle ce samedi 4 Décembre au Casino Royale. Hormis les 18 candidates, on attend la présence de Miss Etats Unis 2004, Shandi Finnessey, Miss France 2003, la Guadeloupéenne Corinne Coman, le styliste africain ALPHADI sans oublier la présidente de Miss Sudamérica Gloria de Limpias. Certains artistes seront aussi présents comme Christian NARA, King Beau Beau ou encore les sœurs Hillimane.
Les candidates devaient être de passage à St Barth ce mercredi. Mais en raison d'un problème de dernière minute, la visite a dû être annulée.

– Titta här, säger han till Linn när hon kommer ut ur badrummet.

Han pekar på annonsen med Le Pirate som verkar vara en av öns restauranger.

– Här vill jag äta julmiddag!

– Jag håller med, säger Linn. Är det okej så här?

Gilbert tittar upp. Hon har satt på sig en olivgrön solklänning ovanpå bikinin och det ser faktiskt ut som om hon har målat ögonfransarna lite grann.

– Det ser jättebra ut, säger Gilbert och harklar sig. Du är ... jättefin. Men rinner inte det där ut om du badar? undrar han försiktigt.

– Den är vattenfast.

Linn ger honom ett stort leende. Och sedan är det äntligen dags att göra St Barth.

11. När Linn och Gilbert kommer ut i hotellets foajé sitter Gerda redan där rak i ryggen i en stor korgsoffa och väntar.

– De har hyrt två jeepar, avslöjar hon. En röd och en blå. Gissa vilken som är vår?

Hon tittar på Linn.

– Den blå, antar jag, svarar Linn och ser trött ut

– Rätt! tjoar Gerda. Samma färg som min sjöjungfrus ögon och min sidenrock och min dagbok! Hon ler med hela ansiktet. Och att Gilbert måste åka i en röd bil så att han får lite extra skydd, det vet vi ju redan sen innan, tillägger hon.

I det ögonblicket bryr sig Gilbert inte ett enda dugg om vilken färg jeepen har. Bara att det är en jeep är helt fantastiskt.

– Var är de? undrar han.

– Precis här utanför, svarar Gerda belåtet.

Gilbert rusar ut på parkeringen utanför hotellet. Och där står de verkligen. En blå och en röd jeep. Taket är av svart, mjukt tyg och går att ta av delvis eller helt och hållet. Jeeparna ser faktiskt precis ut som de han sett på tv-program om folk som varit på safari i Afrika.

– Cool, är det enda han får fram.

– Man tar sig knappt runt ön med en vanlig bil eftersom det är så brant, säger Tobbe och viftar med bilnycklarna. Jag brukar inte gilla canvastak, men jag har fått veta att det inte existerar nån kriminalitet här på ön överhuvudtaget. Det sägs att man kan lägga kvar plånböcker, kameror, datorer och allt möjligt utan att nån tar dem. Man behöver inte ens låsa bilen.

– Det finns inte många paradis här på jorden, säger mamma. Men St Barth är ett av dem.

Gilbert känner igen det.

– Den där franska humoristen, va?

– Bravo, säger mamma och ger honom en kram. Tänk vilket minne du har!

Micke hoppar in i jeepens förarsäte.

– Ja, visst har han, säger han. Men nu är det väl ändå dags för ett bad?

De kör på de smala, slingriga betongvägarna, först brant uppför, sedan ännu brantare nerför. Även om Gilberts franska inte är särskilt bra kan han inte undgå att förstå vad skyltarna säger. Särskilt med tanke på att en del av dem också är på engelska. Man ska vara försiktig, står det. Och man kör här på egen risk. Så när de stannar på en parkering som verkar ligga alldeles vid en strand drar Gilbert en djup suck av lättnad.

De behöver inte gå långt för att komma ut på själva stranden. Sanden är gulvit och alldeles het. Det går knappt att gå i den utan att bränna ihjäl fötterna. Gilbert springer efter Linn de tjugo meterna ner till vattnet.

– Puh, säger han.

– Det här är guvernörsstranden, säger Linn.

– Aha, säger Gilbert.

– Det är en jättebra strand om man bara vill bada.

– Och om man vill dyka? undrar Gilbert och viftar med sitt julklappscyklop.

– Då är det bättre med en strand som ligger lite längre bort fast på samma sida av ön.

– Okej. Så synd. Men då badar vi väl bara.

Och i nästa sekund är Gilbert i. Linn tar lite längre tid på sig. Hon måste få av sig solklänningen och lägga ut badhandduken. Och när hon ändå är där uppe passar hon på att ta med sig sin egen och Gilberts kamera.

– Whups, säger Gilbert när hon kommer springande. Det är inga undervattenskameror. Tänk på det.

– Oj då, säger Linn. Det hade jag glömt.

– Det är lugnt, säger han. Nu är mina fötter okej. Jag tar upp dem igen.

Linn ger honom kamerorna och simmar ut en bit. Gilbert går åt andra hållet. Men innan han kommer upp på stranden tar han en bild av Linns ben.

– Hon är verkligen en j… alltså bra på att stå på händer i vattnet, säger han för sig själv.

Mamma och Micke sitter på en badhandduk i skuggan av ett jättestort kaktusträd en bit upp på stranden.

– Gilbert, säger mamma när han lägger kamerorna i sin väska. Lyssna här. Det handlar om pirater.

Vid ordet pirater blir Gilbert idel öra. Och mamma läser gärna för dem:

– Sjörövare har till och från angjort Gustavias hamn. Somliga plundrade ön, andra gjorde affärer med befolkningen. Enligt en rapport från guvernör Stackelberg år 1811 är han mycket oroad av de ständiga piratraiderna runt ön och begär kanoner, krut och soldater. Det sägs också att den ökände piraten Montbar, med tillnamn "utrotaren" eller "exterminator", till och från haft sitt tillhåll på St Barth. Han lär ha skrutit med att han aldrig lät en spanjor slippa levande ur sitt våld och det sades att han grävt ner sina skatter på Gouverneursstranden. Det är alltså här, säger hon och tittar på Gilbert för att kolla att han verkligen lyssnar.

Han nickar intresserat.

– Alldeles i närheten av den grotta som fått hans namn. I en rasande storm försvann emellertid Montbart, och sen dess har ingen sett till vare sig honom eller skatten. Grottan ligger nu på privat område.

– Vad synd, säger Gilbert.

– Eller hur, säger Micke.

– Det sägs också, fortsätter mamma, att en del pirater dödade en av kompanjonerna på plats direkt efter att skatten grävts ner – för att hans själ skulle vaka över skatten.

Gilbert får gåshud fast det måste vara minst trettio grader varmt i skuggan.

– Usch, säger han.

– Bakom varje miljon ligger ett lik, det är väl så man brukar säga, säger Micke.

Egentligen tycker Gilbert att det är en rätt märklig kommentar med tanke på artiklarna Micke har i sin pärm. Men någonting helt annat får honom lite ur balans. Något av det vackraste han sett i hela sitt liv går förbi på stranden. Hon har brunt hår ända ner till höfterna och stora gröna ögon. Och inte nog med att hon går förbi. Hon tittar på honom också – och ler. Det är tur att Gilbert ligger ner. Annars hade han fallit pladask omkull.

– Ja, den du, säger Micke som noterat händelsen. Hon går inte av för hackor.

– Vilken den? undrar Linn som just kommit upp ur vattnet.

– Ja ... alltså ... det var ..., stammar Gilbert men kommer inte riktigt på något vettigt att säga.

– Vi pratade om en liten ödla, förklarar Micke för att om möjligt rädda Gilbert ur situationen.

– Ni behöver inte göra er till, säger Linn kort. Jag såg henne också. Hon var ingen ödla. Hon var jättesöt.

Sedan slänger hon med sitt halvlånga blonda hår och går med bestämda steg bort till Mia och Tobbe.

– Suck, pustar Gilbert.

– Det är ingen fara, tröstar Micke. Du får väl vara lite extra trevlig och uppmärksam mot henne resten av dagen.

– Ja, svarar Gilbert, men han kan inte låta bli att följa skönheten med blicken.

– Det där ska du nog låta bli, råder Micke, men kan inte undvika att skratta.

Linn håller sig däremot för skratt i säkert ett par timmar, trots att Gilbert gör allt han kan för att vara till lags. Han bär hennes badväska till jeepen, han tar en bild på henne på baren Select och säger "cheese", vilket inte har någon som helst inverkan. Och han bjuder henne på ananasjucie med ett litet rosa paraply och sugrör i för sina egna pengar. Till slut får han faktiskt betalt för mödan. När mamma och Mia slår sig ner vid deras bord efter en liten rundvandring i Gustavia har Gilbert lyckats få Linn att le flera gånger.

– Det är en helt otrolig liten ö, säger Mia och tar en klunk av sin teapunch, en av barens mest kända drinkar. Har ni förresten sett alla svenska gatuskyltar?

– Ja, i alla fall en del, svarar Linn. Just nu sitter vi till exempel på Östra Strandgatan.

– Och det är så mysig och vänlig stämning, säger mamma. Men otroligt dyrt. Det mesta kostar faktiskt det vita ur ögonen ...

Mia nickar.

– Ja, det är tur att vi inte har kommit hit för att handla. Jag har knappt råd med ett vykort.

– Vi kanske kan dela på ett, skrattar mamma.

– Vi kan ta lite bilder och göra dem till vykort, föreslår Gilbert.

– Det låter som en utmärkt idé, säger Mia. Men bli inte borta för länge. Vi ska äta på Le Pirate i kväll.

– Yes! ler Gilbert och blinkar åt Linn.

Högsta restaurangönskan uppfylld.

– Bra, svarar Linn. Vi blir inte borta länge.

– Vi ses kvart i sju på hotellet, säger Mia.

Linn och Gilbert nickar och sedan går de. Det finns onekligen ganska gott om rester från svensktiden kvar i den lilla huvudstaden. En hel del gator har fortfarande de svenska skyltarna kvar och en del hus härstammar från den svenska perioden. De fotograferar varann framför skylten med tre kronor på baren Select, under skylten med "X Kungsgatan" på före detta Kungsgatan och framför det svenska klocktornet. En hel del jultomtar, som står i givakt utanför de dyra affärerna eller klättrar på olika husväggar, går de också förbi i värmen, och Gilbert anser definitivt att de måste förevigas. När de gjort slut på nästan alla bilder i engångskamerorna råkar de gå förbi den fotoutställning som Gilbert såg en artikel om i tidningen *Aujourd'hui à Saint-Barth*.

– Kom, säger han. Vi går in.

Att utställningen är döpt till Waterbombs är inte svårt att förstå när man ser bilderna. Överallt hänger foton med vatten som plaskar, sprutar och bubblar.

– Åh, säger Linn drömmande. Jag längtar efter att få hoppa. Vi bara måste hitta en sån strand.

Gilbert håller med, men han börjar också känna hur det kliar i ögonen av den starka terpentinlukten. I nästa ögonblick får han syn på klockan på väggen.

– Oj då, säger han. Klockan är halv sju!

Sedan springer de så att de är alldeles svettiga när de kommer fram till hotellet.

Mia tittar strängt på dem.

– Vi sa kvart i sju, säger hon. Det är hon nu och ni ser ut att behöva duscha.

– Det går snabbt, lovar Gilbert.

– Visst, säger Mia. Linn får duscha i vårt rum. Skynda er på! Och strunta i att sminka dig, Linn!

De skyndar sig allt vad de kan. Tio minuter senare står de i givakt utanför hotellet och Gilbert noterar att Linn till och med hunnit måla ögonfransarna. Sedan går de ner till sjörövarrestaurangen i samlad trupp.

Den första de möter är en pirat med lapp för ena ögat och stor röd tomteluva på huvudet.

– Vi har beställt ett bord för nio, säger Micke på

franska innan han inser att han pratar med en docka i mänsklig storlek.

Alla skrattar, utom Gilbert och Linn som snabbt tittar på varann.

– Jag tror i alla fall att Greta vet nåt, väser Linn ur ena mungipan.

Gilbert hinner inte svara förrän en livs levande servitris kommer fram till dem, följer dem till det reserverade bordet och förser dem med varsin matsedel.

– Åh, vad gott, säger mamma. Fisk på restaurang är det bästa jag vet. Om de är bra på att tillaga den alltså, tillägger hon.

– Fisken här brukar vara väldigt god, säger Micke. Men om jag får rekommendera nåt så skulle jag säga grillad languster. Det är som en hummer fast utan klor.

– Det tar jag direkt, säger mamma och Mia med en mun.

Linn tittar strängt på dem.

– Det är synd om dem, säger hon. Varför kan ni inte ta nåt annat?

Mia och Tobbe suckar.

– Det är inte mer synd om langusterna än om andra fiskar man fångar och äter, säger Tobbe.

– Jag vill ha lamm, säger Gerda.

I nästa sekund grinar hon illa och gnider sig på smalbenet.

– Linn sparkade mig!

– Sluta nu, säger Mia. Det är faktiskt julafton!

– Precis, svarar Linn. Och ni tänker sitta här och äta upp stackars oskyldiga varelser!

– Vad vill du ha att äta då, gumman? undrar Tobbe.

– Jag vill ha nåt vegetariskt.

– När blev du vegetarian? undrar Micke försiktigt.

– Det har jag alltid varit, svarar Linn. På ett eller annat sätt.

– Jag har hört att vegetarian betyder usel jägare på gammalt indianspråk, säger Gerda.

Hon flyttar för säkerhets skull undan benen och lyckas faktiskt undkomma med en ganska ilsken blick från sin storasyster.

– Jag vill i alla fall ha nåt vegetar…, säger Linn bestämt men blir avbruten av en knuff från Gilbert.

Han nickar mot en mörkhyad, senig man med det långa mörka håret uppfäst i en hästsvans i nacken och en stor guldring i ena örat.

– Om inte han är pirat ska jag äta upp min hatt.

– Jag visste inte att du hade nån, säger Linn.

I nästa sekund vrålar Gerda ut över hela lokalen:

– Han ser ut som en sjörövare!

Piraten vänder sig långsamt om och kommer emot dem.

– Sjörövare, säger han på svenska och ler så att de vita tänderna glimmar. Inte alls. Jag heter Eric och är kock här. Men ibland hjälper jag till med att servera. Så vad vill ni ha?

Allihop runt bordet stirrar på honom.

– Är du svensk? frågar Linn till slut.

– Man kan väl säga att jag har svenska anor, ler kocken. Från den tiden när svenskarna var här, vet ni. Min mormors mor träffade en svensk soldat. Och på den vägen är det.

Om Gilbert hade träffat Eric i Sverige skulle han ha utgått ifrån att han var svensk. Men här, på den här ön, där så många är blonda och blåögda och verkligen verkar vara helt och hållet svenska, bortsett från att de bara pratar franska och engelska – här skulle han garanterat inte ha gissat på att Eric var svensk.

– Häftigt, säger Gerda och studerar Eric med fascinerad min. Du ser jättehäftig ut!

Eric ler igen men den här gången direkt mot Gerda.

– Okej, säger han sedan. Vad vill ni äta?

– Gärna fisk, säger mamma. Men jag läste nånstans att vissa fiskar kan vara giftiga. Inte för att jag tror att ni ... jag menar ...

– Det är helt rätt, svarar Eric. En del fiskarter här omkring är giftiga under vissa perioder. Förmodligen för att de käkar alger och koraller och sånt. Så de firrarna ska man vara väldigt noga med var och när man fångar. Fast det gäller ju alla fula fiskar. Han ler igen. Men här serverar vi inga såna, fortsätter han. Så ni kan vara helt lugna.

Det blir languster till de vuxna, trots allt. Gilbert beställer en vegetarisk rätt, precis som Linn, för säkerhets skull. Gerda åker på en likadan hon också, eftersom hon plötsligt fått väldigt svårt att koncentrera sig efter att ha fått syn på Eric. Och hon hinner knappt äta något alls eftersom hon hela tiden måste hålla koll på var han är.

När han kommer tillbaka till bordet för att plocka av har hon knappt ätit upp hälften.

– Var det inte gott? undrar Eric.

– Jodå, nickar Gerda. Men du, jag tänkte på en sak. Har du bott här i hela ditt liv?

– Jajamensan, svarar Eric. Och St Barth var rätt annorlunda när jag var i din ålder.

– På vilket sätt?

– Det fanns inte så mycket turister och båtar. Man kunde fånga fisk och drottningsnäckor nere i hamnen. Och det hände ganska ofta att smugglarna sov nere på piren. De var alltid fulla och hade vassa knivar.

Gerda gör stora ögon.

– Träffade du dem?

– Det kan du tro, säger Eric och sänker rösten. En gång spionerade jag och en kompis på dem. Och plötsligt fick de för sig att de skulle kidnappa oss. Så de började jaga oss längs kajen. Shit, vad vi sprang. Och vad rädda vi var.

– Men, säger Gerda andlöst, de här smugglarna, var de sjörövare? Eller vad var de för människor?

– Om du vill veta en hemlighet, svarar Eric, så tror jag att alla här har smugglat.

– Vad? undrar Gerda.

– Det mesta – utom möjligen narkotika.

Då kraschar något på bordet. Micke har vält omkull sitt glas.

– Jag är hemskt ledsen, ursäktar han sig nervöst. Det var inte alls meningen.

– Det är ingen fara, säger Eric och ler igen. Vi är vana vid att ta hand om sånt.

12. Gilbert och Linn slänger sig helt utmattade på sina sängar när de kommer hem från Le Pirate.

– Tror du att det handlar om knark? undrar Linn. Alltså att Micke smugglar knark?

Gilbert rycker uppgivet på axlarna.

– Jag har ingen aning. Men det stod ingenting direkt om knark i den där pärmen. Där fanns det bara en massa notiser om rika människor och att Karibien är ett nytt skatteparadis för de där rika människorna.

– Men håll med om att han betedde sig lite märkligt på restaurangen, envisas Linn. Han välte ut glaset precis när den där kocken snackade om att de smugglar allt utom narkotika. Han verkar för övrigt rätt skum själv, kocken. Vad menade han med att de är vana att ta hand om sånt?

– Plocka upp glas som folk har vält ut? föreslår Gilbert.

– Lägg av, säger Linn irriterat. Nåt skumt är det!

Gilbert håller med, men samtidigt kan han inte låta bli att tänka på hur Micke försökte rädda honom från Linns ilska på stranden och på när han gömde deras julklappar i Linns och Gerdas hytt.

– Det konstiga med Micke är att ena sekunden verkar han minst sagt skum, säger han. Kanske rentav farlig. Men i nästa sekund är han hur trevlig som helst.

– Som det där med ödlan, va? säger Linn torrt.

– Inte bara det, säger Gilbert utan att bry sig om hur Linn låter. Jag menar överhuvudtaget. Som till exempel det att han gömde julklappar i hytten.

Han säger ingenting på en stund och försöker känna av läget innan han vågar fråga.

– Hur dog Magdalena egentligen?

Det blir dödstyst i rummet, men till slut svarar faktiskt Linn.

– Hon ramlade nerför en trappa.

Det suger till i Gilberts mage.

– Men Micke var inte hemma, fortsätter Linn. Det är i alla fall vad han säger. Och jag har alltid trott honom.

Gilbert sitter stilla, rädd att förstöra stunden av förtroende. Och det fungerar, för Linn fortsätter faktiskt.

– Vet du, säger hon och rösten darrar. De hade bråkat innan.

– Hur vet du det? undrar Gilbert.

– Jag har hört mamma och pappa prata om det.

De sa att det gjorde saken ännu värre för Micke.

Suget i Gilberts mage blir värre.

– Och dessutom, säger Linn. Dessutom var hon med barn ...

Nu känns det som om Gilberts mage ska vända sig ut och in.

– När hände det? undrar han.

– För ungefär femton år sen, tror jag, svarar Linn. Jag var i alla fall inte född.

– Har han varit ensam sen dess? undrar Gilbert.

– Han har nog träffat en del kvinnor, säger Linn. Men ingenting som har varit så allvarligt som med din mamma.

Gilbert reser sig hastigt.

– Vi pratar mer sen, säger han. Nu måste jag på toaletten.

Han rusar in i badrummet, stänger dörren och låser den innan han tänder ljuset. Det han då ser på den vita badrumsmattan är något som får honom att frysa till is inombords. Ett jättelikt svartbrunt monster med långa ben stirrar ilsket på honom. Och inte nog med det. Det tar fart och anfaller också. Skrikande rusar det rakt mot Gilbert. Han fumlar med låset och lyckas faktiskt få upp dörren innan det är för sent.

– Linn! vrålar han. Linn, kom hit! Det är ett monster i badrummet!

Linn kommer rusande och stannar alldeles bakom honom.

– Var? undrar hon nervöst.

Han pekar med skakande finger på monsterinsekten. Då börjar Linn skratta.

– Det är en kackerlacka, lugnar hon. Den är i och för sig extremt stor och i och för sig rätt äcklig, men den är inte farlig alls.

– Men den sprang jättefort rakt emot mig, säger Gilbert. Den anföll mig och den skrek.

– Den kanske sprang emot dig, säger Linn. Men det var faktiskt du som skrek.

– Ta bort den, kvider Gilbert.

Linn använder tidningen som Gilbert läst på eftermiddagen och lyckas få ut monstret på altanen.

– Så där, säger hon. Då var vi kvitt den. Sedan tittar hon uppfordrande på Gilbert. Skulle inte du på toaletten?

Gilbert nickar och går tillbaka in i badrummet, men innan han stänger dörren undersöker han alla skåp och tittar i alla hörn. När han är klar på toaletten tar han en varm dusch också. Trots att det är varmt fryser han och dessutom behöver han tänka, för alla tankar bara snurrar och snurrar i huvudet.

– Hon ramlade nerför trappan ..., mumlar han för sig själv. Och hon väntade barn ...

Han låter det heta vattnet strömma ner över kroppen, men hur mycket han än vrider upp termostaten blir vattnet ändå inte tillräckligt varmt för att han ska sluta frysa inombords.

Varför gjorde han det? tänker han förtvivlat. Varför?

Sedan slår det honom att barnet förmodligen skulle ha varit lika gammal som han själv och Linn nu.

Han skruvar upp termostaten för att få varmare vatten. Men han blir inte varmare hur hett han än duschar och när han äntligen inser det, stiger ut ur duschen, torkar sig och är klar har Linn redan somnat.

– Typiskt, muttrar han. När man verkligen behöver henne.

Han borstar tänderna och gör sig klar för natten och det är först när han lägger huvudet på kudden som det går upp för honom.

– Linn, väser han. Linn, vakna! Vi har glömt att säga god jul till Greta.

Men hon rör sig inte ur fläcken.

– Typiskt, muttrar Gilbert igen och knappar in ett god jul-meddelande till Greta.

Han hälsar från Linn också eftersom hon inte kan skicka något själv. Sedan släcker han sänglampan och försöker sova. Men det är fullständigt omöjligt. Tankarna virvlar runt i huvudet och det är så varmt i rummet att han nu svettas som en gris istället för att frysa. Då kommer svaret från Greta.

"God juldagsmorgon", skriver hon. "Hoppas att julafton varit okej."

Gilbert tittar förvånat på klockan. Juldagsmorgon klockan tio över ett på natten? Sedan kommer han ihåg. Sverige ligger ju fem timmar före. Han återvänder till Gretas meddelande och rullar fram de sista meningarna.

"Hur har du det med Micke? Kim hälsar!"

Han blir kall igen.

"Så där med Micke", svarar han. "Varför undrar du det? Och vem är Kim?"

Svaret kommer nästan med detsamma.

"Jag vet att du har lite svårt för Micke. Det är inte så lätt att befinna sig i din situation när nån ny plötsligt dyker upp i bilden. Kim är min nya granne. Han är blind på ena ögat. Därav jultomten med piratlapp.

Du kommer att gilla honom! Sov gott nu så att du får njuta av morgondagen."

Gilbert läser meddelandet om och om igen, men sova kan han verkligen inte. Fast till slut måste han ändå ha lyckats för när han vaknar på morgonen faller snön så tätt att han knappt kan skymta blommorna i trädgården och den har redan lagt sig decimetertjock över gräsmattorna. Det är i och för sig en dag för sent med tanke på julafton, men snö på juldagens morgon är inte heller fy skam.

– Jippie! vrålar han högt innan han minns att han måste vara tyst eftersom Linn ligger och sover i sitt röda sidennattlinne i sängen bredvid.

– Jippie, viskar han för sig själv.

Och när han minns julklapparna som Micke gömt i deras rum får han såna lyckokänslor att det nästan känns som om han ska spricka.

Vänta nu, tänker han. Mitt paket var rött. Rött, eftersom jag behöver lite extra skydd.

Han letar överallt i hela rummet och till slut hittar han sitt paket under den vita mattan i badrummet.

– Till Kim, läser han fundersamt. Jag heter ju inte Kim. Men här finns ingen Kim, så det måste vara mig han menar, och jag såg ju när han gömde paketen.

Gilbert plockar fram det röda paketet med grönt snöre och river upp det. Det innehåller en liten, liten påse med snö. Gilbert trycker överlyckligt påsen mot sitt bröst.

Vad snällt, tänker han. Han visste vad jag önskade mig mest av allt i hela världen! Och han gav mig det!

Han håller upp påsen framför sig och snön där inne gnistrar och glimmar.

Det är så konstigt med Micke, tänker Gilbert. Ibland verkar han nästan farlig, men ibland är han bara helt fantastisk.

Han lägger försiktigt påsen på sin säng, smyger fram till altandörren och öppnar den. Snön virvlar emot honom och luften är alldeles underbart snöig och juldagsmorgonkall att andas in.

– Jippie, säger Gilbert för tredje gången.

Och sedan får han syn på det. Ett jättelikt gråsvart monster med långa ben och sjörövarlapp för ett av de röda ögonen. Det kommer skrikande rakt emot honom. Gilbert skyndar sig att slå igen altandörren, men varelsen hinner ändå få in ett ben emellan och dörren går inte att stänga.

– Linn! vrålar Gilbert alldeles utom sig och håller emot dörren för allt han är värd. Linn!

Men hon svarar inte. Han vänder sig om och upp-
täcker att Linns säng egentligen är en trappa. Hon har
jättestor mage och hon bara ramlar och ramlar. Och
hon bara skriker och skriker. Och Gilbert skriker. Och
barnet skriker.

– Det är ju jag – Kim! skriker barnet. Varför gjor-
de du det?

13. Gilbert vaknar av att Linn skriker.

– Vakna, Gilbert! skriker hon. Vad är det? Vad är det du drömmer?

Han sätter sig kallsvettig upp i sängen.

– Jag drömde om monstret i badrummet, svarar han med darrig röst. Det var där ute i snön …

– Snön?

Linn låter förvånad.

– Ja, det snöade, och så skrek alla hela tiden, men Kim skrek mest.

– Vem är Kim? undrar Linn.

Gilbert försöker verkligen titta på henne, men han har svårt att fästa blicken.

– Det är Gretas granne och Mickes barn.

Linn hämtar en servett som hon blött med kallt vatten i badrummet och lägger den på Gilberts panna.

– Antingen har du jättehög feber eller också har du fått i dig nån drog, säger hon bestämt. Ingenting av det du säger låter i närheten av normalt. Inte ens för att vara en dröm.

– Greta hälsade god jul förresten, fortsätter han

matt. Och tomten med sjörövarlappen också ...

– Sov en stund till, säger Linn. Så ska jag gå och hämta din mamma.

Det visar sig att Gilbert inte har hög feber och ingen av de vuxna tror att han blivit drogad heller. Men det övertygar inte Linn.

– De vet ju inte det vi vet om Micke, säger hon när de blir ensamma igen.

– Vad vet vi om Micke? undrar Gilbert.

– Att han smugglar knark, svarar Linn argt. Har du glömt det?

Gilbert suckar.

– Om det nu är det han smugglar, säger han lågt. Och om han smugglar överhuvudtaget.

– Vad skulle han annars göra? undrar Linn och låter ännu argare.

– Som jag redan sagt. Jag vet inte.

Han funderar en stund medan Linn går runt i rummet och kokar av ilska så det riktigt ångar ut genom öronen.

– Vi måste prata med Eric igen, säger Gilbert när han tänkt färdigt.

– Narkotikakocken? säger Linn och fortsätter

146

pysa. Du är inte klok. Ska vi inte prata med Darth Vader också när vi ändå håller på?

– Vi får väl vara lite smarta, säger Gilbert. Liksom försöka höra oss för med Eric utan att riktigt säga vad vi är ute efter.

– Som riktiga detektiver? undrar Linn och slutar pysa lika plötsligt som hon började.

– Som riktiga detektiver, svarar Gilbert.

Men det visar sig komma annat emellan. Mammorna har planerat att allihop ska till en "jättemysig strand med massor av vågor" på förmiddagen och det spelar ingen roll hur mycket Gilbert och Linn än försöker förklara och bortförklara.

De kan få eftermiddagen och kvällen för sig själva om de absolut vill, men nu ska de med till stranden. Punkt och slut och ingen diskussion. Och på den jättemysiga stranden förändras precis allting inom loppet av några få sekunder.

Om Gilbert hade svårt att dölja vad han tyckte om skönheten på stranden dagen innan så går Linn att läsa som en öppen bok.

– Wow, säger hon när hon får syn på honom. Vilken kille!

Och det är inte Gilbert hon menar. Hon menar den mörka, solbrända, muskulösa killen som håller på med drakhoppning en bit ifrån dem.

– Lugna dig, säger Mia. Han är alldeles för gammal för dig.

– Lägg av, mamma, snäser Linn. Han är högst sjutton.

Och när han kommer fram till dem en knapp halvtimme senare visar det sig att hon har alldeles rätt.

– Hej, jag heter Joey, säger han på amerikanska och ler så att alla vita pepsodenttänder blir synliga.

Alldeles jämna är de också naturligtvis.

Mia korsförhör honom ett par minuter. De får veta att han kommer från Boston, att han just fyllt sjutton år, att han vill bli advokat, att han älskar sport och att han är på St Barth på semester med sin familj. En familj som verkar ha mer än gott om pengar.

Sedan försvinner Linn ut ur Gilberts liv. Han kan inte göra annat än att titta efter dem när de vandrar iväg längs stranden och på något vis får han för sig att Mia gnuggar händerna.

– Man ska inte sitta under kokospalmer, säger mamma plötsligt och tittar upp ur biblioteksboken som hon har med sig. Den femte vanligaste dödsorsaken i Thailand är faktiskt nerfallande kokosnötter.

Gilbert nästan önskar att han kunde få en stor en i huvudet. Men även den här gången visar det sig att Mia inte står på hans sida.

– Det är lugnt, säger hon. Det här är inte en palm. Det är ett stort kaktusträd vi sitter under.

– Kaktus kan du vara själv, säger Gilbert väldigt tyst.

– Och vet ni, fortsätter mamma. Hollywood var här och spelade in *Robinson Crusoe* 1951. Det var den första filmatiseringen av boken och det var just här. På just den här ön!

Då tar Gilbert med sig sitt cyklop och sin snorkel och ger sig ut i havet. När han för första gången tittar tillbaka in mot stranden efter något som måste vara lite mer än en evighet, ser han inte bara mamma som står och vinkar åt honom att han ska komma upp ur vattnet. Dessutom ser han ovädret som är på väg in mot ön. Han simmar i land så fort han kan och upptäcker till sin stora glädje att amerikanen har försvunnit. Kvar är däremot Linn och hon lyser lika starkt som den sol som försvunnit bakom stora mörklila moln.

– Han var jättecool, säger hon. Vart tog du vägen? Du måste bara träffa honom!

– Visst, muttrar Gilbert och tar emot badrocken som mamma ger honom.

– Du skulle gilla honom jättemycket, fortsätter Linn. Och vet du vad? Vi såg en leguan också. En pytteliten jättegrön som försvann upp i buskarna där.

Hon pekar överlyckligt mot ett buskage ett par meter ifrån dem.

– Och de är nästan utrotade! Det finns bara ungefär femtio stycken kvar på ön!

– Underbart, säger Gilbert.

På den evighet han befunnit sig ute i havet och knappt fått syn på en enda fisk har han missat en cool amerikan och liten grön leguan. Kunde det bli bättre?

– Nu har jag också gjort slut på alla bilder i kameran, upplyser Linn slutligen, fortfarande med strålande ögon. Så nu kan vi framkalla!

– Underbart, säger Gilbert igen och undrar stilla vem motivet på Linns sista bilder kan tänkas vara.

Knappast leguanen, tänker han för sig själv, och sedan brakar ovädret loss runt omkring dem. Regnet vräker ner, det mullrar så att marken skakar och blixtarna korsar varann på himlen.

– Skynda er, säger mamma och så springer de allt vad de kan till jeeparna.

Eftersom taken inte varit uppfällda är det lite som att sätta sig i en strid flod. Men innan de hunnit halvvägs in till Gustavia har ovädret dragit bort och solen skiner från en klarblå himmel.

De byter om på hotellet och sedan lämnar Gilbert och Linn in sina kameror för framkallning i affären mittemot Select bar innan de äter lunch. Och där sitter de sedan, i skuggan under de stora träden, och alla pladdrar och skrattar utom Gilbert. Alla äter också upp allt av hamburgare, sallad och pommes frites som finns på tallrikarna utom Gilbert. Han är helt enkelt varken särskilt pratsam eller glad eller hungrig. Dels därför att det är väldigt varmt, dels därför att han helt enkelt inte är särskilt hungrig. Men bilderna är i alla fall klara när de kommer tillbaka och medan de andra tar siesta och sover en stund går Gilbert och Linn igenom sina bilder.

Gilbert hade helt rätt om motivet på Linns sista bilder. Visst finns han själv med på en del, men pepsodent-Joey har lyckats komma med på minst lika många fast på betydligt kortare tid.

Innan Linn får syn på den, smusslar Gilbert undan bilden på hjärtat han ritat i sanden. Det står G + L i det och det är verkligen ingenting som känns rätt just nu.

– Vad var det där för bild? undrar Linn nyfiket.

– Vadå?

– Vad var det för bild du gömde?

– Jag har inte gömt nån bild, säger Gilbert.

– Jo, säger Linn. Det har du. Jag såg dig.

– Det har jag inte, envisas Gilbert.

– Nehe, då så, säger Linn kallt. Du kan låtsas hur mycket du vill, men jag är inte dum i huvudet. Jag såg att du gömde bilden och jag fattar precis vem som är på den. Och vill du inte visa den så skit samma.

Hon ger honom en kort blick.

– För det spelar ändå ingen roll längre.

– Vad menar du? undrar Gilbert.

– Äsch, säger Linn och reser sig upp. Det spelar ingen roll sa jag. Och nu har vi annat att göra.

– Vadå? undrar Gilbert med värkande hjärta.

– Vi skulle ju leta rätt på Eric. Knarkkocken!

Gilbert nickar långsamt och reser sig från sängen, han också. Det lyckas faktiskt, trots att hans ben aldrig någonsin tidigare känts så tunga.

Sjörövarrestaurangen Le Pirate har precis som de flesta andra restauranger och affärer stängt för siesta i flera timmar under eftermiddagen. Men när Gilbert och Linn går förbi där för femte gången på mindre än tio minuter och försöker se ut som om de bara råkar passera, öppnas faktiskt dörren och Eric kikar ut.

– Hej, ler han, och Gilbert lägger märke till att han har lika vita och jämna tänder som Joey. Vill ni komma in en stund?

Linn och Gilbert stannar, men ingen av dem vet riktigt vad de ska säga.

– Jag bjuder på glass, säger Eric och öppnar dörren på vid gavel.

– Akta dig, väser Linn i Gilberts öra. Vi har ingen aning om vad den glassen kan vara preparerad med.

– Den är preparerad med nougat, pistagenötter och kanderad ingefära, säger Eric. Och så är det färsk ananas och mango till.

Linn stirrar förvånat på honom.

– Jag har väldigt bra hörsel, ska du veta, vilket kan

vara till god hjälp när man har med smugglare med vassa knivar att göra. Nå, fortsätter han, låter det som om glassen skulle kunna passa damen?

Linn nickar intensivt men säger inget mer.

– Det låter supergott, svarar Gilbert istället. Kanongott helt enkelt.

Eric skrattar.

– Så vi är alltså inne på sjörövarspåret igen?

– Vad är det som får dig att tro det? undrar Linn.

– Kanongott, säger Eric. Kanon, du vet såna där vapen som vissa hade på sina båtar. Och fortfarande har, för allt i världen.

– Äsch, säger Linn och blir röd om kinderna. Vad dum du är.

Gilbert knuffar till henne i sidan.

– Hon menar ju inte dum så … inte på det sättet, försöker han förklara.

– Jag vet, säger Eric, blinkar åt Linn och försvinner iväg in i köket.

Gilbert passar på att se sig omkring i den tomma restaurangen. Taket är uppbyggt nästan helt av slingerväxter som växer så tätt att inte en enda solstråle tar sig igenom. Och överallt står vaser och krukor med olika färggranna blommor i. Alldeles intill bardisken, bredvid tavlan om vilka rätter som rekommenderas just nu, hänger en anslagstavla med diplom och olika tidningsartiklar på franska och engelska som verkar handla om restaurangen. Gilbert känner igen en av sidorna ur tidningen som Linn använde för att ta ut monstret på.

– Ja, vi har fått en del bra recensioner, säger Eric när han kommer ut ur köket med två stora glassar i högsta hugg. Men så har vi också jobbat på det. Bortsett från att vi har utmärkta kockar och de bästa råvaror man kan få tag i så har vi ställt till med en del jippon.

Gilbert nickar intresserat.

– Vi har till exempel seglat runt med en båt med sjörövarflagg och serverat lunch och kalla drycker runt om på stränderna här.

Gilbert nickar igen.

– Men den här maratonartikeln, säger han, vad har den med saken att göra?

– Den fick också vara med där eftersom en av mina svenska vänner kom på femte plats.

– Wow, säger Gilbert.

– Ja, det är en tuff tjej, säger Eric. Det var inga andra tjejer som ställde upp, men en hel del killar. Och hon slog nästan allihop. Jag är mycket stolt över henne.

– Wow, säger Linn som dykt upp bakom dem.

– Ja, jag kan nog tro att det är en tjej i din stil, ler Eric. Men nu måste ni äta glassen innan den smälter.

Det behöver han inte säga två gånger. Gilbert och Linn kastar sig över sina glassar som är preparerade med alla möjliga sorters nötter och färsk frukt. De smakar gudomligt.

– Okej, då så, säger Eric. Vad var det nu ni ville veta?

– Varför tror du att vi vill veta nåt? undrar Linn misstänksamt.

– Tja, få se nu, svarar Eric och lägger pannan i djupa veck. Varför gick ni här fram och tillbaka under dygnets hetaste timme när restaurangen är stängd om det inte var nåt ni var ute efter?

– Det kanske var glassen, säger Linn och försöker se oskyldig ut. Den var förresten jättegod.

– Vad bra, nickar Eric. Så det här med pirater ...

– Det är en sak som är så konstig, säger Gilbert. Ingen här på ön verkar vilja prata om pirater och ändå har de ju funnits. Den där Montbar till exempel, han gömde ju till och med sina skatter vid guvernörsstranden.

Eric nickar.

– Det är i alla fall vad som sägs, svarar han. Men han var inte härifrån. Han var fransman.

– Och? undrar Gilbert.

– Här på ön har nog, som jag sa, de flesta smugglat nån gång, men vi har aldrig varit pirater. Eric låter bestämd. Det finns naturligtvis pirater, men de kommer alltid nån annanstans ifrån.

– Som till exempel? undrar Linn.

– Som till exempel från Sverige, svarar Eric.

Både Gilbert och Linn är nära att sätta glassen i halsen.

– Från Sverige! utbrister Linn. Det var under svensktiden alltså?

Eric skakar på huvudet.

– Nej, de svenska pirater jag tänker på är verksamma just nu.

Linn och Gilbert gapar.

– Det har minsann varit en hel del skumma svenskar och ätit på min restaurang. De har suttit här till sent in på nätterna och pratat väldigt lågmält med varann, avslöjar Eric. Och om det slutat där skulle det ju inte vara nåt att berätta om. Men för ett tag sen försvann en hel svensk familj.

– Hur då försvann? flämtar Gilbert.

– Tja, de flesta kom ju förstås tillrätta, tillägger Eric och ser ganska nöjd ut.

– De flesta? får Linn ur sig.

– Ja, faktiskt alla utom deras inhyrda svenska kapten. Det sägs att han tog alla deras värdeföremål och försvann med livbåten. Massor av pengar och guld och diamantsmycken.

– Varför har man med sig sånt på semestern? undrar Linn upprört.

– Det här är en ö för de rika, förklarar Eric. Och är man rik brukar man oftast vilja visa det.

– Jaja, avbryter Gilbert och ger Linn en irriterad blick. Fortsätt berätta.

– Tja, sen dess är det ingen som vare sig sett eller hört från honom. Och ... Eric höjer pekfingret. ... och dessutom tror man att han lurade sin kompanjon på hans del av skatten.

Gilbert och Linn gapar ännu mer.

– Vem var hans kompanjon? undrar Gilbert.

Eric skakar på huvudet.

– Om honom vet jag ingenting alls, säger han lågt. Bortsett från att han också var svensk.

14. Gilbert och Linn får bråttom att resa sig och de tackar än en gång för glassen.

– Vi ses, säger Gilbert, och sedan springer de så fort de orkar i värmen tillbaka till hotellet.

– Den där svensken på öde ön, flämtar Linn.

– Jag vet, stånkar Gilbert.

– Det måste ju vara han, fortsätter Linn.

– Jag vet, flåsar Gilbert. Och det är honom Micke letar efter!

Linn låser både den vanliga dörren och altandörren från insidan och Gilbert rotar förtvivlat runt i sin stora väska efter den svarta väska de hittade på ön.

– Jag vet att jag lade den här, säger han och svetten rinner om honom.

– Kan nån ha varit här inne och hämtat den? undrar Linn förskräckt.

– Micke vet inte att den här väskan finns, svarar Gilbert. I alla fall tror jag inte det …

I nästa sekund hittar han den, sliter upp den och tömmer ut innehållet på sin säng bredvid hans egna och Linns bilder som fortfarande ligger kvar där.

– Okej, säger Linn sammanbitet. Robinson, bilder och kamera. Är du säker på att det inte finns nåt mer?

Gilbert vänder ut och in på väskan.

– Inget mer, meddelar han sedan.

– Okej, säger Linn. Boken är hopplös. Den går sönder om jag försöker öppna den, men om vi är riktigt försiktiga ...

Hon avbryter sig mitt i meningen. Andlöst plockar hon upp två av bilderna från sängen. En ur hennes och Gilberts hög och en ur högen från väskan.

De stirrar fascinerat på de båda bilderna.

– Killen från öde ön har varit här, konstaterar Linn. Gilbert nickar.

– Samtidigt med en piratbåt, säger han lågt. Det ser ut som den där båten Eric seglade runt med och serverade kalla drinkar.

– Titta här, säger Linn som inte verkar ha hört hans kommentar. Här finns en bild av det svenska klocktornet, ett foto på sjörövarrestaurangen och ett foto från den där vattenutställningen också. Det är inget snack om att han har varit i Gustavia.

– Och antagligen på Le Pirate, funderar Gilbert.

– Han var säkert en av dem som var mystisk och satt och snackade lågmält ända in på småtimmarna, tror Linn. Vi måste få upp den där förbaskade boken!

Försiktigt försöker de sära på några av sidorna, men de lyckas bara få upp översta hörnen på ett par stycken och de enda anteckningar som finns där är datum. Exakt vilka går dessvärre inte att se.

– Det är en dagbok, säger Gilbert och blänger på den. Om den bara gick att läsa skulle vi säkert få veta hur mycket som helst.

– Men nu kan vi inte det, säger Linn. Alltså måste vi hitta ett annat sätt.

Gilbert skiner plötsligt upp.

– Mickes karta, säger han och börjar rota i högen av bilder på sängen. Jag tog ju ett kort. Det hade jag nästan glömt.

Trots att bilden är knivskarp är kartan så liten att den är svår att tyda. Inte ens Gilberts förstoringsglas är till stor hjälp.

– Jag fattar inte vad alla kryss och utropstecken och frågetecken betyder, säger han.

– Men siffrorna, säger Linn. De ser ut som datum. Ge mig den får jag se.

Hon tittar länge med förstoringsglaset och ser plötsligt ganska nöjd ut.

– Titta här, säger hon. Det där är Abaco. Där var vi ju och där står ett datum! Sedan hejdar hon sig. Men datumet stämmer inte, vi var ju inte där i november ... Hon fortsätter studera kartan med förstoringsglaset. Men den där ön ..., säger hon sedan och pekar någonstans i mitten av kartan. Det var där vi hittade väskan.

– Är du helt säker? undrar Gilbert.

Linn nickar.

– Etthundratio procent.

– Vad heter den?

– Dog Island.

– Dog Island, funderar han. Konstigt namn. Men det känns som om jag hört det förut.

Han stelnar till när han plötsligt minns Mickes pärm.

– Det var utanför Dog Island som den där svenska familjens båt låg och drev, mumlar han.

– Vad är det du säger? undrar Linn.

– I Mickes pärm, fortsätter Gilbert. En av artiklarna handlade om en svensk tvåbarnsfamilj som försvunnit. Och karibisk polis hittade båten utan nån ombord, utanför Dog Island.

– Det här kan inte vara sant! utbrister Linn. Eric sa ju att det var en svensk familj som blev ...

– Jag vet, avbryter Gilbert och gör ett nytt försök med dagboken.

– Det här är lönlöst, säger han. Så vad gör vi nu?

– Framkallar undervattenskameran, svarar Linn.

De lägger undervattenskameran i Linns handväska, plockar ner bilderna och dagboken i den svarta väskan och gömmer den under Gilberts säng innan de ger sig iväg.

– Hoppas de har öppnat efter siestan, säger Linn.

Sedan strålar hon upp som en sol och börjar vinka som en galning åt en mörk kille på andra sidan gatan.

– Titta, Gibbe, det är Joey!

Och det är just precis vad det är. Men värst av allt är att han vinkar tillbaka, om än inte som en galning.

– Hi, Joey, säger Linn och fortsätter stråla.

– Hi, Linn, svarar Joey och så hälsar han artigt på Gilbert.

Gilbert hälsar artigt, han också. Sedan räcker han fram handen efter undervattenskameran.

– Gå och fika ni, så lämnar jag in kameran, säger han till Linn.

Hon är inte nödbedd.

– Tack. Vi går till den där baren vid snäckstranden, säger hon och ger Gilbert en vänlig klapp på kinden. Kommer du dit sen då?

– Visst, nickar han. Jag kommer sen.

Gilbert lämnar in kameran och går sedan med långsamma steg mot snäckstranden. Det är helt vindstilla och solen är på väg ner i havet, alldeles orangeröd. Snart kommer det att vara kolmörkt.

Han får syn på dem innan de får syn på honom. De sitter tätt intill varann på verandan och dricker ananasjuice ur sugrör medan de tittar på solnedgången.

Gilbert vänder tvärt innan det är för sent och går den korta biten tillbaka in till Gustavia. Han tar också en ananasjuice fast utan sugrör under träden på Select bar. Därifrån ser man inte solnedgången, men de kulörta lamporna som hänger ovanför honom tänds i alla fall medan han väntar på att bilderna ska bli klara.

Utan att ens titta efter om Linn sitter kvar med Joey på snäckstranden går han tillbaka till hotellrummet. Där river han upp paketet och tittar på bilderna. Med tanke på att det var en undervattenskamera hade han väntat sig bilder på färggranna fiskar och koraller och sånt. Det verkar för allt i världen som att alla bilder är tagna på någon strand, men bara en av dem är under vatten, och dessutom bara till hälften. Faktum är att de här bilderna inte säger honom någonting.

Gilbert sätter in dem i minialbumet som han fick med på köpet och sedan väntar han på att Linn ska komma. Men det är inte Linn som knackar på dörren ett par minuter senare. Det är mamma.

– Hej, vännen, säger hon. Stör jag?

Gilbert skakar på huvudet.

– Jag trodde att du och Linn skulle äta tillsammans i kväll, säger mamma försiktigt.

– Hon fick förhinder, svarar Gilbert kort.

– Amerikanen? frågar mamma.

Han nickar och sväljer några gånger.

– Det går över, säger mamma lågt, och Gilbert undrar om hon menar det som gör ont i honom eller att Linn kommer att glömma Joey, men just nu orkar han inte ta reda på vilket.

Och på något sätt spelar det inte heller någon roll.

– Har du lust att äta med mig istället? undrar mamma. Micke är ute på jobb och Mia, Tobbe och Gerda har åkt iväg till en väldigt känd restaurang vid västra udden. Jag tror de är typ världsmästare på grillade langusters.

Gilbert kan inte låta bli att le.

– De passade väl på när Linn inte skulle med, säger han.

Mamma nickar.

– Hänger du med då? undrar hon. Det finns en jättemysig restaurang vid en av stränderna på andra sidan. Det sägs att man brukar kunna se vilda pelikaner där.

– Men hur kommer vi dit? undrar Gilbert.

– Med jeepen förstås.

– Sa du inte att Micke var ute på jobb?

– Jo, han är nere i hamnen och pratar med dem på

hamnkontoret och så skulle han titta till båten innan ägaren kommer.

Gilbert tänker efter en tiondels sekund. Sedan nickar han och han känner bara ett litet sting av dåligt samvete för Linn.

Hon får skylla sig själv, tänker han.

– Okej, då drar vi, säger Gilbert, och till sin egen stora förvåning känner han sig riktigt glad och upprymd när han sitter där bredvid mamma i jeepen.

Äntligen, för första gången sedan de åkte från Sverige, är det bara han och mamma. Och mamma verkar också glad.

– Håll i dig! tjoar hon när de rullar nerför backen i mörkret. Nu går det undan. Vi är säkert uppe i trettio kilometer i timmen.

Gilbert skrattar och den ljumma vinden blåser i hans hår.

– Där nere är det, säger mamma och pekar på en restaurang som ligger direkt på stranden och har en massa palmkronor som tak.

Hon parkerar bilen utanför och så går de in i ljuset under palmträden.

– Mysigt va? säger mamma och Gilbert håller med. Kom, vi sätter oss vid ett bord där man hör vågorna.

Och där sitter de sedan, Gilbert och mamma, och gräver med tårna i sanden och dricker massor av ananas- och mangojuice och lyssnar på vågorna och äter grillad fisk med banan- och sötpotatisgratäng.

– Hur är det egentligen, Gilbert? säger mamma rätt vad det är.

– Bra så klart, svarar han.

– Jag menar, har resan blivit så hemsk som du trodde?

Gilbert funderar en stund på om han ska berätta utvalda delar av det han fått veta om Micke för mamma, men sedan bestämmer han sig för att låta bli.

– Nej, inte alls, säger han och pressar fram ett leende. Det har faktiskt varit jättemysigt. Varför undrar du?

– Jag har nog haft lite dåligt samvete, säger mamma. Jag menar, det är inte alltid så lätt när man träffar nån som man verkligen tycker väldigt mycket om.

Hon avbryter sig och tittar på Gilbert.

– Jag förstår, säger han och gräver tårna djupare ner i sanden.

– Vad jag försöker säga, fortsätter mamma, det är att jag älskar dig precis lika mycket nu som innan jag träffade Micke.

– Jag vet, säger Gilbert.

– Men eftersom ni inte kommer riktigt bra överens så blir det svårare att göra saker tillsammans och samtidigt få alla att känna sig ... bra ...

– Vem har sagt att vi inte kommer överens? undrar Gilbert. Har Micke sagt det?

Mamma skakar på huvudet.

– Nej, inte alls, säger hon. Men det är klart att jag ändå märker nåt.

Hon suckar lite och tar en klunk mangojuice.

– Och jag vet att ni båda försöker och jag vill absolut inte att du ska känna att det är ditt fel. För det är det inte. Och inte Mickes heller.

– Vems fel är det då? undrar Gilbert. Om det nu är nåns fel?

– Kanske mitt, säger mamma och tittar honom stint i ögonen. Jag har kanske låtit det gå för fort fram och inte riktigt gett er tid eller möjlighet att få säga vad ni vill och vad ni tycker. Och det gäller kanske i synnerhet dig.

Gilbert svarar inte. Han bara önskar att han kunde förklara för mamma vem Micke är utan att hon skulle tro att han ljög. Och plötsligt tycker han så outhärdligt synd om henne. Där sitter hon under palmträdet

172

i den mörka, ljumma kvällen, med fötterna i sanden, så liten och sårbar på något sätt och tror att allt är hennes fel.

Gilbert får tårar i ögonen för andra gången den här kvällen och nu går det inte att svälja dem.

– Mamma, säger han med grumlig röst. Det är klart att det inte är ditt fel.

Mamma har också tårar i ögonen, men samtidigt ler hon.

– Jag vill bara att du ska veta att jag älskar dig, säger hon. Mer än nåt annat. Men tror du att du orkar ge det lite mer tid?

Gilbert nickar och torkar bort tårarna med servetten. Han önskar av hela sitt hjärta att han skulle kunna rädda mamma och varna henne för Micke. Han önskar att han skulle kunna berätta allt han vet. Men han inser att om han knystar ett enda litet ord nu skulle den här stunden vara förstörd för alltid. Han måste helt enkelt vänta tills han vet mer. Då får han plötsligt syn på tre stora fåglar som kommer svävande i månskenet.

– Titta, mamma, säger han. Tror du att det är pelikaner?

Hon tittar upp, tittar efter riktigt noga och sedan

reser hon sig långsamt upp ur stolen som om hon velat följa med dem.

– Ja, säger hon andäktigt. Visst är det pelikaner. Vilda pelikaner.

Tysta följer de pelikanerna med blicken ända tills de flugit utom synhåll.

Sedan suckar de djupt båda två.

– Vad är en leguan i jämförelse? säger Gilbert och ler ända upp till ögonen.

Mamma ler också och rufsar honom i håret.

– Nej, vad säger monsieur, börjar det bli dags att dra sig tillbaka till hotellet?

– Det kanske är bäst. Så att inte de andra börjar undra.

Innan de kliver in i jeepen ger Gilbert mamma en kram, den största och varmaste hon fått sedan hon träffade Micke.

– Tack, mamma, säger han. Det var verkligen jätte-mysigt.

– Det tycker jag också, säger hon och kramar till-baka. Så det här ska vi göra om. Var vi än befinner oss på jorden. Är vi överens?

– Överens! svarar Gilbert.

När de kommer tillbaka till hotellet sitter Micke i baren, men av Linn finns inte ett spår. Varken där eller i rummet.

– Vad är det du säger? undrar Micke upprört när Gilbert undrar om han har sett henne. Skulle inte du ta hand om henne i kväll?

Gilbert mumlar något ohörbart.

– Hon träffade den där amerikanska killen, förklarar mamma. Gilbert ville inte störa så vi åkte och åt på andra sidan.

Micke blir alldeles vit i ansiktet.

– Var är Tobbe och Mia? undrar han sammanbitet.

– De skulle till langusterstället, säger mamma som också börjar bli blek.

– Då tar vi jeepen dit, kommenderar Micke. Och du, han pekar på Gilbert med hela handen, du går och tittar om hon är kvar där du såg henne sist.

Gilbert tittar på Micke för att försöka avgöra om oron är äkta eller spelad, men han kan inte avgöra vilket. Sedan rusar han med andan i halsen tillbaka ner till snäckstranden. Där sitter en massa människor och äter och dricker. Men Linn och Joey är inte där.

15. Gilbert vankar av och an i rummet och går till och med på toaletten utan att titta efter kackerlackor när någon öppnar dörren och Linn kliver in.

– Och vart tog du vägen? fräser hon.

– Vadå? säger Gilbert och gör stora ögon.

– Du skulle komma till baren vid snäckstranden, fortsätter hon. Jag satt där och väntade jättelänge.

Då tänder Gilbert till.

– Jag gick tillbaka, säger han kallt. Men ni såg ut att ha det så mysigt så jag ville inte störa.

Linn ser ut att inte tro sina öron.

– Ville inte störa! utbrister hon. Du är inte klok nånstans. Först satt vi och väntade på dig! Och till slut var Joey tvungen att gå hem, så då satt jag där alldeles själv och väntade på dig! Och sen gick jag tillbaka hit och väntade! Så alltså, vart tog du vägen?

– Jag tog en juice på Select bar, hämtade bilderna och sen åkte mamma och jag till en restaurang på andra sidan ön. Vi såg vilda pelikaner ...

– Jag skiter i vad ni såg, väser Linn. Bara på grund av dig var jag tvungen att äta grillad languster.

176

– Aha. Så du åt alltså med Mia, Tobbe och Gerda? undrar Gilbert och försöker verkligen dölja ett leende.

Han tycker själv att han lyckas ganska bra, men tydligen inte tillräckligt bra, för Linn ser plötsligt ännu argare ut.

– Det är inte roligt, morrar hon. Jag kommer aldrig att förlåta dig! Du och jag skulle ha ätit middag tillsammans i kväll.

Gilbert inser allvaret i situationen.

– Förlåt, säger han uppriktigt. Jag trodde verkligen på riktigt att du ville vara i fred med Joey.

– Du trodde fel! Jag sa ju redan innan att jag ville att du skulle träffa honom! Är du döv på båda öronen eller?

– Jag sa förlåt, säger Gilbert. Och jag menar det precis lika mycket som du gjorde när du sa det till mig på Dog Island.

– Vad snackar du om?

– När du bad om ursäkt för att du inte trott mig, om Micke.

Linn lugnar ner sig betydligt.

– Okej, säger hon till slut. Okej. Då är vi väl kvitt. Men gör inte om det, tillägger hon.

– Nej då, lovar Gilbert.

– Så nästa gång vi träffar Joey så följer du med.

– Jadå.

– Och hur är bilderna?

– Konstiga, säger Gilbert. Fast jag tittade inte så noga på dem. Jag ville vänta på dig.

– Försök inte, säger Linn. Ta fram dem bara.

Gilbert plockar fram minialbumet och räcker över det till Linn.

Linn bläddrar igenom albumet och ser lika frågande ut som Gilbert känner sig.

– Jag trodde att det skulle vara undervattensbilder, säger hon.

– Jag med, instämmer han.

– Men det är ju bara en, och den är inte ens helt under vatten.

– Jag vet.

– Och den här, säger Linn och nickar mot dödskallen. Att det handlar om pirater har vi väl redan fattat, men varför vill han berätta att han är en sån? Och vad är detta?

Hon pekar på en hög med kokosnötter, trasiga plastflaskor och annat.

– Skräp, svarar Gilbert.

– Ja, ja, säger Linn otåligt. Men varför tar man en sån bild? Varför tar man överhuvudtaget bilder på nåt av det här? Dessutom med en undervattenskamera?

– Tja, du tog ju faktiskt också en bild av det där hyddhotellet, säger Gilbert.

– Ja, men det var ju för att det var så knasigt. Jag tror inte att den här killen har gått runt och tagit bilder på sånt som verkar knasigt. Det måste finnas nån sorts meddelande här.

Gilbert nickar.

– Men vad? undrar han.

– Varför är det till exempel så många mobiler? funderar Linn.

– Jag vet inte, svarar Gilbert. Och vad betyder hunden på andra sidan? Knappast Dog Island, va?

– Det är en boxer, säger Linn begrundande. Kanske har det nåt med en box att göra?

– Vadå box?

– Typ en kista, föreslår Linn. En sån där som man bevarar skatter i?

Sedan suckar hon och rycker på axlarna.

– Jag fattar faktiskt ingenting, säger hon. Ta fram dagboken.

Gilbert gör som han blir tillsagd och Linn sätter sig tillrätta på sin säng, tänder sänglampan och börjar pilla. Sedan pillar, drar och petar hon ungefär hur länge som helst. Gilbert tittar på henne och blir alldeles sömnig av pillandet. Han har nästan somnat när hon skriker till.

– Gibbe! Jag fick loss en sida!

snarare en manlig och öppen prägel. I synnerhet när han
log, fick hans ansikte ett milt uttryck av det slag, som
annars brukar vara eget för den kaukasiska rasen. Han hade
långt svart hår, men det var inte ulligt som negrernas;
pannan var hög och blicken skarp och vaken. Hans hud
var inte alldeles svart men mycket mörkt brun, dock
inte av den fula gulbruna färg, som de brasilianska eller
virginska indianernas eller andra amerikanska infödingars
hud, snarare glänsande olivbrun. Han hade ett runt och
fylligt ansikte och en liten näsa, ehuru den icke var platt
som negrernas, en vacker mun, tunna läppar och präktiga
tänder, vilka voro vita som elfenben.

Sedan han en halvtimmes tid slumrat snarare än sovit,
vaknade han och kom ut ur grottan till mig, medan jag
höll på att mjölka mina getter, som jag hade i inhägnaden
alldeles bredvid. När han fick syn på mig, sprang han
fram, kastade sig på marken framför mig och gjorde
en massa egendomliga åtbörder för att visa sin tacksamhet
och undergivenhet. Till sist lade han sitt huvud på
marken, satte såsom förut min ena fot på det och försökte
sedan på alla upptänkliga sätt betyga mig sin under-
givenhet och lydnad och låta mig veta, att han troget ville
tjäna mig. Jag förstod en del av hans tecken och
nickade åt honom för att visa, att jag var nöjd med
honom.

Snart började jag tala med honom och sökte lära
honom mitt språk. Jag inpräntade först i honom, att
han skulle heta Fredag, ty det var på en fredag
som jag räddade hans liv, och jag uppkallade honom
till åminnelse av dagen. Jag lärde honom också att säga
Herre och lät honom förstå, att han skulle kalla mig
så. Sedan fick han lära sig att säga Ja och Nej och förstå
innebörden av dessa ord. Jag sökte även lära honom
äta på ett hyfsat sätt, i det jag räckte honom en lerskål
med mjölk och visade honom, hur man skulle dricka
samt gav honom ett stycke bröd och visade honom,
hur man skulle äta. Han hade lätt för att taga efter och
tecknade åt mig, att anrättningen smakade honom.

Handwritten margin annotations:

SÅT!

SNARARE KORT BRUN

GANSKA PLATT!

VISST

FATTAR INTE HUR NÅGON KAN GÖRA NÅGOT SÅ GRYMT MOT EN SÅDAN SÅRBAR VARELSE

NEJ. MÅNDAG!

KNAPPAST. SNARARE: WOW!

VATTEN

FISK! HAN ÅT INTE AV FISKEN. DET BORDE INTE JAG HELLER HA GJORT!!!

– Han var främlingsfientlig, säger Linn med anklagande röst.

Gilbert skakar på huvudet.

– Det tror jag inte, säger han allvarligt. Han skriver ju att han inte fattar hur man kan göra så med en sårbar varelse.

– Jag menar inte honom, idiot, säger Linn. Jag menar Robinson Crusoe.

– Ja, ja, säger Gilbert. Han var totalrasist.

– Men sån var han inte i boken vi fick av Greta, fortsätter Linn. I alla fall inte fullt så mycket!

– Det var nog en senare upplaga. Han kanske ändrade sig med tiden.

Linn smäller till Gilbert med rasistboken i huvudet.

– Det är inget att skoja om, säger hon vasst. Rasister är det värsta jag vet.

– Näst efter langusterätare? undrar Gilbert stilla med resultatet att han får boken hårt i huvudet ännu en gång.

– Akta dagboken! Den kan gå sönder, säger han trött. Och sluta slåss. Vi har väl annat att göra?

– Sluta retas då, säger Linn och det hörs att hon menar det.

– Okej, säger Gilbert. Så vad har vi kommit fram till? Bortsett från att Robinson var rasist.

Han får en blick som skulle kunna få is att frysa.

– Ja, jag lovar, jag ska sluta.

– Jag tror inte att vi har kommit fram till nånting, säger Linn.

– Bortsett från att vi förmodligen har kommit över den svenska sjörövarkaptenens väska och att Micke förmodligen letar efter honom, säger Gilbert. Och att nån åt en fisk som han inte borde ha ätit. Frågan är vem det var som gjorde det, fortsätter han och gäspar stort.

– Ungefär så, svarar Linn. Och jag tror inte vi kommer längre i kväll. Alltså god natt. Vi fortsätter i morgon bitti.

Sedan släcker hon sänglampan, vänder ryggen åt honom och antingen somnar hon verkligen direkt eller också låtsas hon bara sova.

Gilbert suckar och bestämmer sig för att ta en dusch. Och den här gången tittar han i alla skåp och skrymslen och hörn innan han börjar duscha. Linn är ju tillbaka, så om han skulle upptäcka en kackerlacka skulle faktiskt hon kunna ta hand om den.

Han duschar lika länge som kvällen innan. Sedan torkar han sig, stryker lite deodorant under armarna, borstar tänderna och mer eller mindre ramlar i säng. Precis när han håller på att börja drömma hör han Linns röst.

– Vad gulligt det var. Gilbert, du är verkligen jättegullig!

Han blir alldeles klarvaken. Det låter på något vis väldigt fel med tanke på hur allt har varit de senaste dagarna. Har någon kanske varit där inne och gett henne sanningsserum medan Gilbert var i duschen? Det verkar inte heller särskilt troligt. Det måste alltså vara något annat.

– Vad var det som var gulligt?

– Fotot, mumlar Linn. Fotot på dig och mig i sanden.

Först förstår Gilbert inte vad hon pratar om. Sedan inser han att hon hittat bilden han gömt undan. Det gör honom alldeles rasande. Hon hade inte med den att göra. Men han bestämmer sig för att inget säga. Hämnden får vänta tills i morgon.

16. Gilbert vaknar tack och lov före Linn. Han gömmer bilden med hjärtat på ett säkrare ställe, hoppar i kläderna och smyger ur rummet. Så fort han fått igen dörren bakom sig rusar han ner till frukostmatsalen. Där sitter naturligtvis redan mamma och Micke och Tobbe, Mia och Gerda förstås. Och allihop säger god morgon så hurtigt att Gilbert känner sig som om han hamnat mitt i ett scoutläger.

– God morgon själva, säger han och försöker låta så pigg han kan.

– Vad är det med dig? undrar Gerda. Du är ju uppe med tuppen!

– Typ, svarar Gilbert.

– Varför då? Är ni osams? fortsätter Gerda.

På det svarar Gilbert ingenting.

Han hämtar kaffe med varm mjölk, en stor bit baguette, en bit camembertost och svartvinbärsmarmelad istället.

– Bra smak, säger Mia. Det där är verkligen en kanonkombination.

Gilbert bevärdigar henne inte med så mycket som

en blick. Hon vill ju ha Joey som svärson så varför ska han bemöda sig?

– Vi tänkte ta en morgontur till en av stränderna på östra udden, säger mamma. Det ska vara en helt fantastisk strand, men man måste ställa jeepen ganska långt därifrån och sen är det en bra bit att klättra ner. Vill du följa med?

Gilbert nickar först, men sedan minns han vad de har att ta itu med, han och Linn. Och även om han fortfarande är argare än ett bi, inser han att det bara är att lägga alla känslor åt sidan. För det här är saker som måste göras.

– Nej, säger han sedan istället. Jag och Linn ska … ja, typ ta igen för i går kväll.

– Ska ni pussas? undrar Gerda nyfiket men tystnar omedelbart av Gilberts blick.

Mia och Tobbe, däremot, skiner upp.

– Schysst, Gilbert. Det kommer hon verkligen att uppskatta efter missförståndet i går, säger Mia.

Också Micke nickar gillande.

– Vi ska inte tvinga med er nånstans i dag. Den här dagen ska ni få helt för er själva.

– För det gick ju så jättebra i går, mumlar Gerda, men ingen verkar bry sig om vad hon säger.

De reser sig från bordet och i samma stund kommer Linn med ögon lika trötta som Gilberts.

– Ha det så bra då, säger alla mammor och pappor med en mun och försvinner från bordet.

– Vad tog det åt dem? undrar Linn.

– Ingen aning, svarar Gilbert. Men vi blev befriade från första strandbesöket i dag.

– Bra, säger Linn och hämtar te, en stor bit baguette, camembert och svartvinbärsmarmelad.

– Bra smak, säger Gilbert. Förutom teet.

Linn låtsas inte om det.

– Jag har ett förslag, säger hon.

– Idel öra, svarar Gilbert.

– Direkt efter frukost söker vi upp Joey.

Gilbert försöker se ut som om han inte fått en rak höger rakt i ansiktet.

– Självklart, säger han och försöker tänka ut en bra hämnd för att Linn rotat runt i hans hemliga gömmor.

– Varför då? undrar han sedan.

– Hans pappa är privatdetektiv och han har en jättestor privatdetektivbyrå i Boston.

– Vad bra, säger Gilbert. Jag trodde att det var Joey vi skulle söka upp.

Linn tar en klunk te och nickar.

– Ja, självklart, säger hon. Om man har växt upp med en privatdetektiv som pappa så borde det väl finnas lite deckarinstinkt i Joey också?

Gilbert blir plötsligt misstänksam.

– Har du berättat för honom om Micke? undrar han.

– Lite grann, säger Linn undvikande.

Gilberts tankar går än en gång till hämnd.

– Exakt vad berättade du? undrar han kallt.

– Lite grann, säger Linn igen. Typ att Micke är skum och lite om de svenska sjörövarna.

Gilbert suckar.

– Och vad sa detektivsnillet?

– Ibland tycker jag att du är dum, säger Linn och reser sig från bordet.

– Jag vet, svarar Gilbert. För det mesta.

– Till exempel är du dum nu, säger Linn. För det är inte sant.

Hon sätter sig med en duns på stolen igen.

– Okej, säger hon. Ska vi bråka eller ska vi försöka lista ut vad det är som händer?

– Vi listar ut nu, så kan vi bråka sen, säger Gilbert.

– Bra idé, säger Linn. Då letar vi rätt på Joey?

Gilbert nickar.

– Men först kollar vi bilderna en gång till, säger Linn.

– Visst, svarar Gilbert. Men du ska ge … i att rota bland mina saker.

Han tror att Linn ska bli arg och ge honom svar på tal. Istället skiner hon upp.

– Ja, ja, ler hon. Jag lovar. Men den var ju så söt, bilden …

På det har Gilbert inget svar.

De går upp på rummet och tittar i minialbumet för sjuttielfte gången.

– Det här går inte, säger Linn. Vi måste lägga bilderna så att vi ser alla samtidigt. Annars kan vi aldrig lista ut vad meddelandet är.

Gilbert börjar plocka ut bilderna ur albumet.

– Vi lägger dem på golvet, säger han och det gör de.

De studerar alla bilder noggrant, men trots att de kan se alla på en gång känner de sig inte mycket klokare.

– Det där är i alla fall en kackerlacka, säger Gilbert och pekar på en insekt på en av bilderna. Dem känner jag i alla fall igen nu.

Linn kan inte låta bli att le, men sedan börjar hon omedelbart fundera igen.

– Många mobiler som sagt, konstaterar hon. Vill han sälja mobiltelefoner eller har han tappat sin?

– Men de där två, säger Gilbert och pekar på bilderna med en båt och ett segel. De kanske betyder att han kom dit med en segelbåt?

Linn skakar på huvudet.

– Tror du inte att han kom dit i livbåten från den där svenska familjens lustjakt? undrar hon.

– Javisst, ja, säger Gilbert. Men han kanske väntade på en segelbåt?

– Så skulle det förstås kunna vara, funderar Linn. Men varför finns det två av varje av de bilderna?

De suckar djupt.

– Men den där, säger Linn sedan och pekar på bilden av en liten vattenkaskad. Det är ju helt klart en vattenbomb! Det kanske finns undervattensminor?

– Fast å andra sidan ser den precis ut som en prinsesskrona, säger Gilbert. Den kanske ska säga nåt om skatten han kom över?

– Men skylten med tre kronor, den borde ju faktiskt betyda att han är svensk.

– Eller jagad av en svensk, muttrar Gilbert. Och skuggan mot berget där han sträcker upp händerna? Det kanske är ett tecken på att han vill ge upp?

De suckar djupt båda två.

– Okej, säger Linn till slut. Det är ett meddelande, så långt är det helt klart. Men nu ger i alla fall jag upp. Ska vi leta reda på Joey?

Till Gilberts egen stora förvåning går han verkligen med på det utan att ens känna sig särskilt sur. Och kanske har de bara tur. Kanske beror det på att det regnar, men de stöter faktiskt ihop med Joey mitt i stan.

– Hej igen, säger Linn.

– Hej igen, säger Joey.

Och Gilbert säger naturligtvis samma sak.

Den här gången sätter de sig redan från början på en bar och beställer in ananasjuice och sedan tar Linn över, på engelska.

– Du vet det där jag berättade i går?

Joey nickar intresserat.

– Vi har fått in lite mer material.

Gilbert tittar ner i juicen och vill helst inte tro sina öron.

"Jag berättade lite grann." Det var så hon sa. Och nu sitter hon här och låter som värsta agenten. "Vi har fått in lite mer material." Vem tror hon att hon är egentligen? Men när Joeys fråga kommer tittar han inte på Linn utan på Gilbert.

– Vad är det för nytt material ni har fått?

Gilbert harklar sig.

– Några bilder från en strand, säger han. Det verkar vara ett meddelande, men det är ganska svårt att förstå.

Joey tittar på honom med stora, bruna, allvarliga ögon. Sedan låter han blicken gå över till Linn och åter tillbaka till Gilbert.

– Varför tror ni att det är ett meddelande?

Linn tittar på Gilbert och han nickar.

– Kör, säger han.

Sedan berättar Linn allt från början till slut för Joey och han verkar mer och mer intresserad ju mer hon berättar.

– Det här låter egentligen mer som nåt för pappa än för oss, säger han. Men jag antar att ni inte vill blanda in nån annan.

– Helst inte än, svarar Linn. Inte innan vi vet nåt säkert.

– Jag förstår, nickar Joey och funderar en stund. Skulle ni ha nåt emot att jag tittade på bilderna?

Både Linn och Gilbert skakar på huvudet.

– Nej, det skulle nog vara mycket bra, säger Gilbert och tittar för säkerhets skull på Linn.

– Mycket bra, säger hon också.

Sedan betalar de ananasjuicen och marscherar iväg till hotellet och raka vägen till Linns och Gilberts rum.

När Gilbert låser upp och öppnar dörren blir det korsdrag så alla bilder virvlar omkring i rummet. Han håller tillbaka ett eller ett par fula ord och sedan har alla tre fullt upp med att plocka fram bilder som ligger under sängar och fåtöljer.

Det tar ett tag innan de är säkra på att ha hittat alla, men när de är det lägger de ut bilderna på golvet igen och Joey studerar dem noggrant.

– Det är nog precis som ni säger. Det är nån sorts meddelande, säger han.

– Men? säger Linn.

– Det är helt klart svårt att tyda.

Gilbert nickar instämmande och ser rätt nöjd ut.

– Precis, säger han. Det var ju det vi sa.

Joey ser ut att fundera en stund.

– Jag tror att de måste ligga i en speciell ordning, säger han sedan.

– Ja, men frågan är vilken ordning som är rätt, säger Linn.

– Kanske i nummerordning efter negativen? föreslår han. Har ni dem kvar?

Gilbert nickar och plockar fram dem.

– Och sen är det nästan enklare om man tejpar upp bilderna, fortsätter Joey. Till exempel på dörren. Har ni möjligen tejp också?

– Det fixar jag, säger Linn och försvinner ut ur rummet.

Gilbert och Joey samlar snabbt ihop bilderna innan de börja virvla i korsdraget igen.

Linn har inte varit borta mer än en minut när hon återkommer med en tejprulle i högsta hugg.

– Var fick du tag i den så snabbt? undrar Gilbert förvånat.

– I receptionen så klart, svarar Linn. Ska vi börja? Gibbe, du kollar negativen så tejpar jag och Joey.

Det tar lite längre tid att få bilderna i rätt ordning, men till slut hänger rätt bild på rätt plats.

Joey lägger pannan i djupa veck.

– Okej, säger han. Det är verkligen många mobil-
telefoner.

Gilbert och Linn nickar.

– Så vad betyder det? fortsätter Joey. Kan det vara
ett telefonnummer?

Linn och Gilbert nickar och rycker på axlarna på
en gång.

– Skulle tre kronor-skylten kunna betyda att det är
ett svenskt nummer?

Nu nickar de bara.

– Och skulle i så fall resten av mobilerna kunna
leda till ett telefonnummer?

– Vad skulle det i så fall bli för nummer? undrar
Gilbert.

– Vi ska se, svarar Joey. Har nån papper och penna?

Linn tar fram sitt anteckningsblock och den trasi-
ga blyertspennan hon ärvt av Gerda.

– Okej, börja, säger hon och gör sig beredd.

– Vad är det vanligaste mobilnumret i Sverige?
undrar Joey.

– Det kan vara 070 eller 073 eller ..., rabblar
Gilbert.

– Det räcker, säger Joey. Nåt av dem kan vara det

första numret och sen kommer resten ...

Han avbryter sig och börjar räkna bilderna med mobiler på.

– Första bilden räknas alltid som noll, säger han. Alltså blir nästa mobil, efter svenskskylten, 2.

– Okej, säger Linn.

– 12, fortsätter han.

– Okej.

– 18.

– Det räcker, säger Gilbert. Det är Mickes mobilnummer.

I nästa ögonblick knackar det hårt på dörren.

17. Varken Gilbert eller Linn blir egentligen särskilt förvånade när Micke stormar in i rummet. På något sätt hade de nästan räknat med det. Joey däremot ser ganska chockad ut.

– Vad är det ni håller på med? morrar Micke. Leker ni detektiver eller nåt?

Ingen av de tre i rummet säger så mycket som ett knyst. Då får Micke syn på bilderna på dörren.

– Och vad är det ni har ...

Han avbryter sig mitt i meningen och sliter åt sig fotografiet med dödskallesmycket.

– Freddie, mumlar han och trycker bilden mot bröstet. Det är ju Freddies.

Sedan sitter han så, med bilden mot bröstet en lång stund innan han tittar upp igen och det ser nästan ut som om han är på väg att börja gråta.

– Var har ni fått tag i de här bilderna? undrar han med grumlig röst. Och säg som det är nu, för det här är jävligt viktigt.

Gilbert harklar sig och börjar:

– Vi hittade dem på Dog Island. I en väska.

Han får en hård knuff i mellangärdet av Linn.

– Tänk på vad du säger och på vad den där Freddie kan råka ut för.

Linn är verkligen ingen höjdare på att viska för precis som Eric på Le Pirate har Micke hört vartenda ord.

– Freddie har redan råkat ut, säger han lågt. Men inte på grund av mig.

Linn och Gilbert stirrar misstroget på honom.

– Okej, säger Micke trött. Jag ska berätta.

Det han säger kommer som en chock för Gilbert och Linn. Och hade han inte varit så detaljerad hade de förmodligen inte trott ett enda ord.

– Jag är polis, säger han. Och det är Freddie också. Vi har jobbat under cover, alltså som hemliga poliser, för att lista ut vad en viss person eventuellt smugglat ut ur Sverige. Vi kallar honom Mr X eftersom vi inte vet säkert vem han är.

Han suckar tungt.

– Freddie kom in rätt sent i utredningen. Det behövdes plötsligt en kapten på en för polisen ökänd båt som lämnade Sverige i höstas. Och Freddie är en utmärkt kapten. Vi gick igenom båten med knarkhundar och allt innan de gav sig iväg. Vi letade också på alla möjliga tänkbara ställen efter valuta, alltså pengar. Men vi hittade ingenting och därför lät vi Freddie åka. Vi hoppades att vi kanske skulle kunna få svar på gåtan om vi hade nån av våra egna ombord.

– Men? vågar Gilbert fråga efter en stund.

– Både Freddie och båten försvann, säger Micke. Vi har inte hört ett ord sen i slutet av november och av båten har vi inte heller sett en skymt. Jag måste säga att jag är förbaskat orolig.

– Så det är Freddie du har letat efter? undrar Linn. Du har hela tiden letat efter en försvunnen polis och vi som trodde att du var en svensk pirat som letade efter en annan svensk pirat!

– Jag borde naturligtvis ha sagt nåt, säger Micke trött. Men å andra sidan, allt är ju hemligstämplat.

Han är tyst en stund.

– Jag borde helt enkelt inte ha tagit er med.

Linn reser sig upp och ger honom en kram.

– Säg inte så. Det har varit en fantastisk resa.

Gilbert suckar och vet varken ut eller in och Joey ser mer och mer bortkommen ut.

– Vem är han? undrar Micke plötsligt och nickar mot Joey.

– En kompis från USA, förklarar Linn. Hans pappa har en privatdetektivfirma i Boston.

– I am sorry, säger Joey nervöst. Jag måste gå på toaletten.

Gilbert förstår honom. Om han mött Micke för första gången på det sättet skulle han också behövt uppsöka en toalett.

– Visst, säger han och försöker låta uppmuntrande. Vi ses sen.

– Underbart, säger Micke som verkar ha missat hela toalettepisoden. En detektivbyrå. Det var bara det som fattades. Som jag har hanterat det här och som allting verkar kommer jag förmodligen att förlora jobbet.

Han tystnar en stund igen.

– Men det spelar egentligen ingen roll. Det enda som känns viktigt just nu är att rädda Freddie. Om Freddie fortfarande är i livet, vill säga.

Då slänger Gilbert upp väskan med dagboken och Freddies redan framkallade foton på sängen. Dessutom lyckas han hitta den sida ur *Robinson Crusoe* som låg i flaskposten på Dog Island.

– Det här är allt vi har förutom bilderna på dörren, säger han. Och vi hittade alltihop på Dog Island. Den här sidan ur *Robinson Crusoe* låg i en flaskpost och på nåt sätt verkar alltihop vara nån sorts meddelande.

– Okej, säger Micke. Jag och Freddie känner var-
ann rätt bra så jag tror nog att det finns gott hopp om
att jag ska kunna lista ut vad meddelandet betyder. Ge
mig det där pappret till att börja med.

Micke sträcker sig efter flaskpostsidan. Han ler lite
snett när han läser meddelandet och understrykning-
arna på det.

– Jag kan faktiskt förstå varför ni trodde att jag var
pirat, säger han och studerar pappret en stund.

– Alltså, säger han sedan. Postnumret ser ut att
kunna vara polisens. Mitt namn finns med, och sen
bomb. Men eftersom sammanhanget suddats ut ...
Nej, jag vet inte. Sjörövarna ska väl symbolisera skur-
karna kan jag tro, men vad *civilt* betyder förstår jag
inte heller. Däremot verkar det som om båten är tra-
sig, kölen har tydligen en viss betydelse och jag skulle
tro att två av skurkarna dött. Och så har vi det här
med morerna, det är också understruket. Det var så
man kallade araberna förr i tiden. Men det säger mig
ingenting. Vad var det för annat papper ni hade?

Gilbert räcker honom dagboken, med den sida där
Robinson träffar Fredag uppslagen.

Micke läser snabbt igenom den och tittar på an-
teckningarna.

210

– Det är garanterat Freddies handstil, säger han. Men för övrigt får jag inte ut ett dugg av det här. Så då återstår bilderna.

– Vi har redan fått fram ditt mobilnummer, säger Linn stolt.

– Alltså Joey fick fram det, säger Gilbert sanningsenligt.

– Bra jobbat, säger Micke. Det lämnar bara resten kvar.

– *Segelbåt* har vi också fattat, säger Linn. Fast vad vi inte fattar är varför det finns två bilder av varje. Och så har vi fattat vattenbomben!

Ett ljus tänds i hennes ögon.

– Det är en vattenbomb där, säger hon och pekar. Det sa jag på en gång. Och det stod ju *bomb* i anteckningarna också.

– Bra tänkt, säger Micke. Men nu tar vi det lugnt och börjar från början.

Sedan går han igenom bilderna var och en för sig.

– Hunden säger mig ingenting, sen har vi två mobiler som ni redan har räknat ut. Foten förstår jag inte ... den verkar ha trampat i olja ... Och sen har vi bomben igen. En bomb handlar det helt klart om. Men på vilket sätt? funderar han. Och det här med *sa,* det förstår jag inte. Jag fattar inte vem som sagt vad. Sen kommer de där bilderna som ni redan listat ut, alltså segelbåt. Och det där är definitivt ett gps.

– Vad är ett gps? undrar Gilbert.

– Det står för longitud, latitud och altitud, säger Micke. Alltså var nånstans en båt, eller egentligen vad som helst, befinner sig om man jämför med ett sjökort eller en karta – och hur högt över vattenytan det befinner sig.

– Ja, men det står ju minus där, säger Linn.

– Precis, säger Micke. Bra. Så vad betyder det?

– Att båten har sjunkit? svarar Gilbert.

– Precis, svarar Micke.

– Och sen då? Resten? undrar Linn.

– Två fotspår, en kackerlacka och ett kors. Det skulle kunna vara det jag sa förut, att två av skurkarna omkommit. Men sen har vi det där med båt igen.

– Och vad betyder undervattensbilden? undrar Gilbert. Betyder den också att båten sjunkit?

– Vänta lite nu, säger Micke. Det är nånting vi har missat här. Nånting viktigt. Bilden är bara till hälften under vatten. Alltså betyder den inte att nåt sjunkit.

De tittar allihop på bilderna under tystnad en stund.

– Det där är skräp, säger Micke och nickar mot bilden av kokosnötsskal, plastflaskor och annat. Och sandslottet påminner om ...

Han tystnar plötsligt och blir alldeles vit i ansiktet.

– Herregud, stönar han, och små svettpärlor blir synliga på hans panna. Herregud. Det är ett kärnkraftverk. Radioaktivt avfall!

Linn blir lika vit i ansiktet som Micke och klamrar sig desperat fast vid Gilbert.

– Och, fortsätter Micke för sig själv som om de andra i rummet inte varit där, ... och var smugglar man sånt bäst? Naturligtvis i kölen! Det var så klart det kölen i texten betydde och undervattensbilden också ... Kölen ligger ju under vatten, men sitter fast i nåt som flyter på vattenytan!

– Men varför ska man smuggla kärnkraftsgrejer i kölen? undrar Gilbert och försöker behålla någon form av lugn.

– Därför att kölen på en segelbåt är gjord av bly, svarar Micke. Bly är det enda något sånär säkra sättet att förvara radioaktiva ämnen. Dessutom är risken naturligtvis mindre att bli upptäckt vid en eventuell kontroll.

– Jaha, säger Linn med en vild blick i ögonen. Vad

betyder allt det här? Det låter jättefarligt.

Också Micke får något vilt i blicken.

– Herregud, säger han igen. Nån tänker använda det där för att göra en bomb som ska användas mot civila mål.

– Alltså mot vem som helst? undrar Gilbert.

Micke nickar.

– Nu är det bråttom, säger han mellan tänderna. Jag måste se till att den lokala polisen får veta vad som har hänt så att vi kan få upp båten så fort som möjligt. Om det inte redan är för sent. Och sen, sen ska jag hitta Freddie!

Han sliter åt sig bilden med snäckor och pinnar som tydligen talar om var båten ligger. Men innan han går vänder han sig om i dörren.

– Och ni, säger han sammanbitet, ni håller er lugna under tiden. Det här är ingen lek.

18. De sitter alldeles tysta en lång stund efter att Micke gått ut ur rummet. Sedan kommer Joey ut från toaletten.

– Vad handlade allt det där om? undrar han.

Linn och Gilbert översätter, så gott de kan, allt som Micke sagt.

– Det låter faktiskt som om han har rätt, säger Joey stillsamt. Det låter som om det inte är nåt att leka med.

Men Gilbert lyssnar inte. Han går än en gång fram till fotografierna på dörren.

– Han missade några bilder, säger han. Till exempel den här.

Han pekar på bilden av en ensam fågel som flyger över vattnet.

– Det är en pelikan, upplyser han. Om ni nu ville veta. Jag såg flera stycken när jag åt middag med mamma i går kväll.

– Lustigt, säger Joey. Jag bor på Hotell Pelikan. Ja, alltså egentligen heter det förstås Nid des Pelicans, alltså pelikannästet.

Då minns Linn plötsligt Freddies bilder som var framkallade redan när de hittade väskan. Hon river runt bland dem och hittar ett foto med en pelikanstaty.

– Titta här, säger hon.

– Det är ingången till mitt hotell, säger Joey. Men varför har han fotograferat det?

– Det finns en hel del kvar att lista ut, säger Linn. Eller hur?

Joey ser fundersam ut.

– Det är en sak som är ganska skum med hotellet.

– Vad? undrar Gilbert.

– Hela övervåningen är avstängd.

– Vad är det som är så skumt med det?

– Det står att de bygger om, säger Joey. Men jag har inte sett en enda hantverkare.

– Det är ju helg, säger Gilbert. Jul.

– Vi har varit här i två veckor, säger Joey.

– De kanske tar tidig jul här? föreslår Linn.

– Det är möjligt, svarar Joey. Men det som i så fall är konstigt är att en hel del andra går upp dit.

– Vilka då? undrar Gilbert intresserat.

– Grabbar med snitsiga kostymer, säger Joey.

– Det låter som rena maffian, säger Gilbert.

Joey rycker på axlarna.

– Har ni lust att hänga med dit? Så kan ni se efter själva.

Gilbert och Linn nickar ikapp.

– Bra, säger Joey. Ta med er bilderna.

Gilbert plockar ner de bilder som finns kvar på väggen och Freddies bilder som ligger i en hög på sängen.

– Okej, säger han. Då går vi.

De sätter sig under parasollerna på baren utanför hotell Nid des Pelicans och beställer in juice och saft. Linn dricker upp sin saft i ett svep och när hon sedan ber om en isvatten med citron ser servitören rätt sur ut.

– Vi får väl ge honom bra med dricks sen, säger Joey och ler sitt pepsodentsmile mot servitören.

Det hjälper inte ett enda dugg.

– Så vad är det vi har? undrar Joey.

– En försvunnen polisman. En båt som sjunkit med radioaktivt nånting i kölen. Nåt som skulle användas i en bomb mot civila, upprepar Gilbert.

– Och en massa foton, säger Linn.

– Nu går vi igenom de där bilderna, säger Joey, som vi eller Micke inte redan listat ut.

Gilbert och Linn nickar igen och Gilbert lägger upp bilderna som föreställer en vattenbomb, Freddie som räcker upp händerna, en smutsig fot och fotot med *sa* på cafébordet.

– Och sen har vi ju några foton som Micke inte ens har tittat på, säger Linn och bläddrar bland bilderna. Till exempel det här.

Hon slänger fram en bild på en lustjakt med vitgrön flagga.

Samtidigt glider en vit limousin in upp på hotellupp-farten.

– SA, andas Gilbert.

– Vadå? undrar Linn.

– Det står SA på nummerskylten.

– Vad betyder det?

– Det står för Saudiarabien, förlarar Joey.

Gilbert ger Linn en blick.

– Det var ju SA Freddie skrev i sanden, säger Linn. Betyder det alltså Saudiarabien?

– Kanske, säger Joey.

– Men den här flaggan då? undrar Gilbert och pekar på den grönvita flaggan på båten på bilden som Linn lade fram.

– Det är en saudiarabisk flagga, svarar Joey. Så förmodligen är det en saudiarabisk båt.

– Men då är ju bilden av foten helt klar, säger Linn.

Gilbert och Joey tittar förundrat på henne.

– Den har ju klivit i olja, säger hon. Saudiarabien har väl ganska gott om olja?

Gilbert nickar. Det har hon ju helt rätt i.

– Kan jag se bilden av foten? ber Joey.

Linn räcker över den och Joey tittar länge på den.

– Här finns ingen olja, säger han sedan. Den är bara smutsig.

Gilbert och Linn suckar igen.

– Okej, säger Linn. Så vad kan det betyda?

– Dirty, säger Joey igen.

– Jaja, säger Gilbert. You have made your point. Det är en smutsig fot.

– Jag tyckte att jag hörde nåt om bomb förut. När jag satt där på er toalett. Jag menar bomb på engelska och svenska, är inte det samma sak?

Linn nickar.

– Dirty bomb, säger Joey lågt. Det är en bomb som man smutsar ner med nåt för att den ska drabba fler ... Typ radioaktivt avfall.

Linn reser sig upp så att hennes glas välter och isvattnet rinner rakt ner i Gilberts knä.

– Tack för den, säger Gilbert.

– Så du menar att det kan handla om ett nytt terroristdåd, andas Linn och bryr sig inte ett enda dugg om isbitarna i Gilberts knä.

Joey nickar.

– Fast jag är ju amerikan, tillägger han. Och vi brukar ju beskyllas för att vara drabbade av förföljelse-mani.

– Vi måste få tag i Micke, säger Gilbert.

Linn försöker slå hans nummer från sin mobil, men ingen svarar.

– Skriv ett meddelande, säger Gilbert. Skriv att SA förmodligen står för Saudiarabien.

Linn gör som han säger.

– Och sen? säger hon.

– Sen kollar vi det här, säger Gilbert och lägger fram bilden där Freddie verkar ge sig.

– Om det nu är så att det inte är en person som vill ge sig, säger han. Vad kan det betyda då?

– Det ser ut som ett X, säger Joey.

– Mr X, säger Gilbert. Det stod en massa om kända rika svenskar i Mickes pärm, fortsätter han. Men jag kommer inte ihåg namnen.

– Men det kanske är meningen att man ska kunna lista ut namnet genom bilden, säger Linn. Skuggan är mot ett berg. Kan han heta Berg?

Gilbert skakar på huvudet.

– Nån Berg fanns inte med i Mickes pärm i alla fall, säger han. Det är jag säker på.

– Och berget ligger på en strand, fortsätter Linn fundera. Kan han heta Strandberg?

Gilbert suckar.

– Jag minns inte …

– Jag tror att det är en svensk som äger det här hotellet, säger Joey. Och han heter nåt med berg.

Gilbert hoppar till.

– Kan du kolla upp det utan att det verkar misstänkt? undrar han.

Joey nickar och reser sig upp.

Han är tillbaka på nolltid.

– Bergerstrand, säger han. Han heter Bergerstrand.

Gilbert reser sig tvärt.

– Javisst! utbrister Gilbert. Bergerstrand. Det var så han hette. En av de i Mickes pärm. Det betyder alltså att Mr X är Bergerstrand! Det är det Freddie vill säga!

Han tar upp mobilen och skickar iväg ett nytt sms till Micke.

– Tror du att du kan kolla den där lyxsviten också? undrar han sedan vänd mot Joey.

– Självklart, svarar Joey utan att tveka.

Linn ser mer bekymrad ut.

– Det här är ingen lek, säger hon och tittar allvarligt på dem.

Joey och Gilbert tittar tillbaka.

– Vi vet, säger de med en mun.

Och sedan försvinner Joey iväg in i hotellbyggnaden. Gilbert och Linn håller andan och varje sekund känns som en minut.

– Var inte orolig, säger Gilbert, egentligen mest för att trösta sig själv. Han kommer snart tillbaka.

Linn nickar.

– Jag vet, säger hon med svag röst. Vet du, på nåt vis önskar jag att allt det här var över så man kunde få ha lite semester också innan vi åker hem. När åker vi hem förresten?

Gilbert räknar dagarna i huvudet.

– På fredag, säger han.

I samma ögonblick kommer en hund springande emot honom.

– Hej, säger Linn till hunden. Vad söt du är.

Hunden ser ut att säga samma sak och sedan sätter den sig vid hennes fötter.

– Förlåt, säger hon till Gilbert samtidigt som hon smeker hundens lena huvud. Jag lyssnade inte riktigt. Vad var det du sa?

– Vi stannar tills på fredag, säger Gilbert.

Och omedelbart kommer hunden till honom istället. Linn ser först sårad ut, sedan blir hon misstänksam.

– Fredag, säger hon rakt ut och hunden kommer tillbaka till henne.

Hon skjuter ut stolen och tar en närmare titt på deras nyvunne fyrbente bekant.

– Det är en boxer, säger hon. Och han reagerar på Fredag.

Gilbert tittar frågande på henne.

– Jaha?

– Det var en boxer på en av Freddies bilder, säger Linn. Och så har vi den där konstiga rasistiska sidan. Hon funderar vidare. Tänk om Freddie hittade hunden där ... Du vet det där om sårbar varelse ... Och så döpte han honom till Fredag.

När hon säger Fredag hoppar hunden upp mot hennes ben och gnyr.

Gilbert nickar.

– Det är inget snack om saken, säger han. Det är Freddies hund.

– Men varför är den här?

De tittar på varann igen och ingen av dem behöver egentligen säga något mer. Då kommer Joey ut.

– Jag tror Freddie är här, säger han.

– Ja, hennes hund är garanterat här i alla fall, säger Gilbert.

– Ja, och dessutom, säger Joey, it makes sense. Om en polis under cover blir skadad utan att skurkarna fattar att han är polis ...

– Ja? säger Gilbert.

– ... då tar de naturligtvis hand om honom för att få veta vad som hänt?

– Ja? säger Linn.

– Om nu Freddie är under cover så är det kanske han som ligger där uppe. När försvann han?

– I slutet av november, tror jag, säger Linn.

– Det stämmer ganska bra. Det var ungefär samtidigt som vi kom hit, säger Joey.

– Och? säger Gilbert.

– Jo, det har sprungit en del som ser ut som läkare här. Och de har haft tillträde till översta våningen.

Linn ger honom en vass blick.

– Varför har du inte sagt det tidigare? undrar hon.

– Ja, alltså, de har inte haft läkarkläder, utan kostymer. Men nu när jag tänker efter, nåt säger mig att de är läkare i alla fall.

– Okej, säger Gilbert. Var är han?

Joey vinkar till sig dem båda.

– Kom med. Men vi måste vara försiktiga.

Linn sänder ännu ett sms till Micke. "Vi har kanske hittat Freddie. Hotell Nid des Pelicans."

Sedan gör de precis som Joey säger. De smyger försiktigt förbi receptionen och vidare mot hissen.

– Vi kan bara ta hissen till fjärde våningen. Den sista trappan måste vi gå, säger Joey lågt när han tryckt på våning fyra. För hissen går inte ända upp.

De smyger ut och följer Joey mot avspärrningsbanden vid trappan upp till våning fem. Då hör de plötsligt en dörr som öppnas och stängs där uppe, och i nästa sekund kommer någon nerför trapporna.

– Fort, säger Joey. De får inte se oss.

De rusar runt hörnet och ser hur en kostymklädd man försvinner in i hissen.

– Puh, säger Linn. Det var nära ögat.

– Ska vi göra ett nytt försök? undrar Joey.

– Självklart, svarar Gilbert. Vi kan inte ge upp nu.

De smiter under avspärrningsbanden och smyger försiktigt uppför trappan.

– Det är här lyxsviterna ligger, viskar Joey. Och hela våningen är som sagt avstängd.

Han leder dem fram till en dörr i slutet av korridoren. *Svit 1* står det på den.

– Varför tror du att han finns just här? undrar Linn.

– Jag vet egentligen inte, erkänner Joey. Kanske ett sjätte sinne.

– Kära nån, mumlar Gilbert.

Han börjar låta som Greta.

– Okej, säger Linn. Ska vi gå in?

– Först ber vi till gud att Freddie är ensam där inne, säger Joey.

Gilbert brukar inte så ofta tro på gud, men den här gången tycker han att det kan ha en viss poäng. De ber en kort bön och passar samtidigt på att lyssna efter röster inne i rummet. Men det är alldeles tyst.

– Då så, säger Gilbert. Då är det väl dags.

Han trycker försiktigt ner handtaget till svit nummer ett och skjuter lika försiktigt upp dörren.

– Freddie?

I sängen, mitt i det stora ljusa rummet, kopplad till diverse sjukhusapparater, ligger en kvinna.

19. Gilbert, Joey och Linn blir stående på tröskeln och kvinnan i sängen ger dem inte mer än ett halvt ögonkast.

– Det måste vara fel, väser Gilbert. Det här kan ju inte vara Freddie.

– Vilka är ni? säger kvinnan plötsligt på svenska.

– Vi letar efter en viss Freddie, förklarar Linn. Vi tror att han kan finnas här för hans hund är här utanför.

– Fredag, säger kvinnan och det ser ut som om hon får tårar i ögonen. Är Fredag här?

– Så du är alltså Freddie? undrar Linn misstroget. Kvinnan ler.

– Jag heter Fredrika och brukar kallas Freddie. Men vilka är egentligen ni?

– Vi känner Micke, säger Gilbert. Han är här för att hämta dig!

– Det låter bra, säger Freddie. Men hur kommer det sig att ni är här?

– Joey här, säger Gilbert, är vår amerikanska kompis och hans pappa har en detektivbyrå. Det var han som listade ut att du låg här. Alltså inte pappan utan Joey.

Joey ler.

– Jag sticker iväg och håller vakt, viskar han till Linn. Jag fattar ju i alla fall inte vad ni säger.

Hon nickar.

– Det låter bra. Vi berättar sen.

Freddie ser om möjligt ännu mer konfunderad ut.

– Men vad vet ni om mig? undrar hon.

– Vi vet att du är under cover-polis och att du var kapten på en båt som seglade hit från Sverige och att båten sjönk nån gång i slutet av november och att det finns radioaktivt material i kölen och att nån förmodligen tänkte använda sig av det för att göra en dirty bomb och att det skulle kunna vara saudiaraber, rabblar Gilbert.

Freddie ser minst sagt förvånad ut.

– Har Micke berättat det för er?

– En del, men det där med dirty bomb och Saudiarabien kom vi på själva, fortsätter Gilbert. Eller snarare med hjälp av Joey. Och att Fredag var din hund fattade vi därför att han kom när vi råkade säga Fredag, och så kom vi ihåg den där sidan i din dagbok, ja, *Robinson Crusoe*-boken alltså där det står att du döpte honom till Fredag och så kände vi igen honom från ett av dina foton.

Freddie håller avvärjande upp handen.

– Stopp och vänta lite, säger hon. Ni får ursäkta att jag inte hänger med riktigt. Hur kom ni över boken och bilderna?

– Vi hittade din väska på Dog Island, förklarar Linn. Och en flaskpost också som låg på stranden. Fast vi råkade tyvärr tappa själva pappret i vattnet, så det var lite svårt att läsa vad du hade skrivit.

Freddie blir plötsligt blek.

– Hittade ni min flaskpost på Dog Island?

Gilbert nickar.

– Det var inte bra, mumlar Freddie. Jag hade inte en tanke på att den skulle kunna flyta i land där igen. Ganska dåligt av en rutinerad polis, men jag mådde inget vidare då. Tur att inte inte hans folk hittade den.

– Menar du Mr X, alltså Bergerstrand? frågar Linn.

Freddie hoppar högt igen.

– Det listade vi faktiskt också ut själva, fortsätter Linn och ser mer än nöjd ut.

– Okej, säger Freddie. Ni är ena riktiga rackare på att lista ut måste jag säga. Då kanske ni också kan lista ut att det här är en farlig plats för er att befinna er på.

– Det är ingen fara, säger Linn. Joey håller vakt, och så kommer nog Micke också snart.

Freddie suckar.

– Ja, ja, säger hon. Men vad jag fortfarande inte förstår är varför Micke berättade allt för er. Även om det var ni som hittade väskan.

Gilbert och Linn tittar på varann.

– Han har inte sett nåt förrän i dag, erkänner Linn skuldmedvetet.

– Varför då? undrar Freddie häpet.

– För att vi trodde att du var en svensk pirat som hade plundrat en familj på alla deras värdesaker, förklarar Gilbert. Och så trodde vi att Micke var din före detta kompanjon och att du hade lurat honom på hans del av skatten och att han var jättearg på dig och jagade dig. Vi trodde helt enkelt att han var farlig för dig.

– Men var i all världen fick ni det ifrån?

– Vi pratade med Eric, säger Linn. Han berättade om de där svenska piraterna. Och eftersom Micke hade uppträtt lite skumt och hemligt redan innan fick vi för oss att det var ni.

– Vilken Eric? frågar Freddie.

– Han som är kock på Le Pirate, säger Gilbert. Han sa att ni var kompisar.

Freddie ler stort.

– Jaså, den Eric, säger hon sedan. Ja, han är en riktig baddare till sagoberättare.

– Vadå? Är ni inte kompisar? undrar Linn.

– Det beror på hur man ser det, svarar Freddie. Vi har träffats några gånger. Han är himla trevlig och han är en suverän kock. Men han är en ännu bättre berättare. Han borde satsa på att bli författare istället.

– Så han bara ljög?

– Ljög och ljög, säger Freddie. Vet ni inte vad författaren till trilogin om trollkarlens övärld skrev?

Gilbert och Linn skakar på huvudet.

– Men det vet väl varje människa. Att en drake eller en författare kan man aldrig lita på.

– Lägg till polis där också så blir allting rätt, hörs plötsligt en ny röst i rummet.

Gilbert och Linn vänder sig tvärt om.

– Micke, säger de med en mun.

– Micke, ler Freddie. Det är skönt att se dig.

– Jag får lov att säga detsamma, säger Micke och går fram till sängen. Hur mår du?

– Efter omständigheterna väl, svarar Freddie. Och även om det är skummisar som har gömt undan mig här har jag fått den absolut bästa tänkbara vården.

– Men hur har du undgått att bli pumpad på fakta? undrar Micke. För jag antar att det var syftet med att ha dig här.

– Jag gick på teaterskola som ung, ler Freddie. Och den här rollen var faktiskt ganska lätt ändå. Jag spelade medvetslös helt enkelt.

– Det är min Freddie, ler Micke. Och jag har en glädjande nyhet. Man har lokaliserat båten, det har varit dykare nere och kollat kölen. Det finns inga läckor. Så de håller på att bärga den nu. Och dessutom är Bergerstrand lyst.

– Lyst? säger Gilbert förvånat.

– Polisslang för efterlyst, förklarar Micke. Det fanns tydligen mer på honom, så han kommer garanterat att åka dit.

– Underbart, säger Freddie.

– Skummisarna här har redan blivit omhändertagna, fortsätter Micke. Och en helikopter är på väg för att hämta hem dig. Så man kan väl nästan säga att allt är frid och fröjd.

– Underbart, säger Freddie igen.

– Om du nu mår så bra som du ser ut och som du säger, fortsätter Micke.

– Just nu mår jag som en prinsessa, säger Freddie.

– Men vad var det som hände egentligen? undrar Micke försiktigt. Orkar du prata?

– Absolut, säger Freddie.

Och sedan börjar hon berätta.

20. – Allt gick helt enligt ritningarna till en början, berättar Freddie. Det var en bra besättning och alla skötte sig exemplariskt, utom de där två kackerlackorna förstås som inte gjorde ett handtag utan bara spatserade omkring och uppträdde som de var nån slags kungar och ägde båten.

– Mr X:s underhuggare? säger Micke.

Freddie nickar.

– Samma killar som uppträtt märkligt på tidigare resor. De var ju de som blev ertappade i sin hytt på förra resan med en jätteväska full med pengar. Fast det gick inte att sätta dit dem för det eftersom det såg ut som allt ändå var i sin ordning.

– Men vem var det som ägde båten? undrar Linn.

– Det är Bergerstrand som äger den, säger Micke. Men det visste vi inte förrän nu.

Gilbert ser förvånad ut.

– Men varför tog polisen inte bara reda på det?

– Därför att båten var registrerad i Panama. Därför gick det inte att få fram vem den verkliga ägaren var.

– Precis, fortsätter Freddie. Vi kom till St Barth i

utsatt tid, men trots att jag hade tillbringat hur många timmar som helst med att försöka luska ut vad som smugglades var jag inte en millimeter närmare lösningen. Det var först när jag såg de båda kackerlackorna ombord på den där saudiarabiska båten titt som tätt som jag började ana att det var med dem affären skulle göras. Fast då visste jag ändå fortfarande inte vad. De höll till en hel del här på hotell Nid des Pelicans också. Det var därför jag ville att ni skulle kolla upp det.

– Det var därför du skrev *hotell* på skylten ovanför hyddan! utbrister Linn.

– Ja, svarar Freddie. Men det var långt senare. Hon harklar sig lite och fortsätter: När vi legat vid St Barth ett par dygn fick jag plötsligt veta att båten skulle seglas till ett varv på en annan ö och att bara jag och kackerlackorna skulle finnas ombord. Mitt i natten skulle vi segla dessutom, vilket ju kan tyckas lite märkligt. Det var också lite märkligt tyckte jag, att jag som kapten inte fick veta vilken ö vi skulle till. Vi seglade iväg i alla fall, som vi fått order om, och kackerlackorna talade bara om när jag skulle ändra kurs. Vi hade kanske seglat ett par timmar när jag dessvärre lämnade över till en av dem. Jag var nämligen tvungen att gå dit man inte kan skicka nån annan.

– Vart är det? undrar Gilbert.

– Toaletten, idiot, säger Linn.

– Och på den korta tiden hände det, säger Freddie. Vi blev överraskade av en åskstorm och kackerlackorna var fulla som ägg. Vi gick på ett rev och båten läckte som ett såll. Vi tog in vatten överallt, jag fattar fortfarande inte hur han lyckades gå på revet. De blev hysteriska så klart och började dilla om kölen. Till slut försa de sig och jag fattade plötsligt vad det var vi hade ombord och vad det skulle användas till. Jag försökte lugna ner dem, men de bara rusade runt som yra höns och vid en jättelik kastvind sveptes de över bord. Jag insåg att jag inte hade en chans att rädda skeppet. Jag slet åt mig min svarta väska med bilder och kameran och en gammal *Robinson Crusoe* som jag alltid har haft med mig när jag seglat. Sen satte jag i livbåten och några timmar senare klev jag i land på Dog Island.

– Var du inte rädd? undrar Gilbert.

– Nej, inte särskilt, säger Freddie, och det ser ut som om hon menar det. Ombord på livbåten finns ju både fiskeutrustning och en Watermaker. Och med det klarar man sig ganska länge.

– Vad är en Watermaker? undrar Linn.

– Det är en jättesmart uppfinning, säger Freddie.

Det är en kombinerad pump och avsaltningsmaskin. Så med hjälp av den har man alltid dricksvatten.

Gilbert visslar till.

– En sån skulle jag vilja ha, säger han.

– Varför det? undrar Linn. Du får väl alltid tag i dricksvatten.

– Ja, men det verkar fräckt.

– Ja, ja, säger Linn otåligt och vänder sig tillbaka till Freddie. Vad hände sen?

– Den natten sov jag i livbåten och på morgonen vaknade jag av att nån slickade mig i ansiktet.

Hon ler vid minnet.

– Fredag! säger Gilbert och Freddie nickar.

– Det var kärlek vid första ögonkastet och det var inte bara skönt att slippa vara helt ensam, utan Fredag hade jag nog inte överlevt.

– Och sen byggde du hotellhyddan? säger Linn.

– Japp, och sen började jag fundera över hela situationen. Jag satt ju inne med en del livsviktig information. Om jag inte skulle bli hittad var det viktigt att den skulle nå fram till polisen i alla fall. Jag skrev fyra ganska tydliga meddelanden på några av sidorna i Robinson och skickade iväg dem med flaskpost.

Hon hejdar sig och ger Micke en blick.

– Jag insåg naturligtvis riskerna om Bergerstrands folk skulle hitta dem. Men jag insåg också att jag var tvungen att ta den risken.

Micke nickar.

– Du gjorde helt rätt.

– Sen skrev jag mer kryptiska ledtrådar i boken. Eftersom det fanns en risk att Bergerstrands killar skulle hitta mig här. För då ville jag inte att nåt skulle stå skrivet på näsan på dem.

– Också helt rätt! säger Micke.

– Sen tog jag räddningsbåten och rodde ut ur viken varje dag för att förhoppningsvis bli upplockad av nån förbipasserande båt. Och Fredag var naturligtvis alltid med. Men en dag överraskades vi av en ny åskstorm och när jag kom tillbaka upptäckte jag att jag lämnat Robinsonboken utanför väskan. Som ni kanske såg själva var taket inte sådär väldigt tätt. Boken var genomsur och totalförstörd och mina meddelanden gick alltså inte längre att läsa. Bara sidan med Fredag gick att slå upp. Jag såg det som ett slags tecken.

– Stackars Freddie, säger Micke.

– Nej, så tänkte jag nog inte. Men så kom jag ihåg kameran. Då bestämde jag mig för att försöka berätta vad jag visste genom bildrebusar. Och så fick det bli.

Det tog ett tag att fundera ut hur jag skulle göra det, erkänner hon, men jag hade ju rätt gott om tid om man säger så. Det som var svårast var att jag inte fick misslyckas med nån bild om ditt telefonnummer skulle bli rätt.

– Du lyckades, säger Linn. Du lyckades jättebra!

– Tack, ler Freddie. Jag visste ju inte hur resultatet skulle bli, men jag hade i alla fall gjort ett försök. Men sen blev jag sjuk.

Hon suckar.

– Jag tror att det var fisken. Jag vet ju att vissa fiskar här är giftiga vid vissa tillfällen och på vissa platser. Men jag hade inte koll på vilka och jag var ju tvungen att äta. Jag borde ha förstått när Fredag nobbade fisken, men tyvärr, jag åt den. Jag var så dålig att det är ett under att jag orkade ta mig ut med båten och det var då det skulle ha kunnat gå riktigt käpprätt om det inte varit för Fredag. Jag tuppade av där ute och solen stekte. När Bergerstrands hantlangare dök upp med sin båt hade de nog inte upptäckt mig om det inte hade varit för att han skällde som en galning.

– Varför kom de dit? undrar Linn.

– De var naturligtvis ute jämt och ständigt för att se om jag eller nån av kackerlackorna hade överlevt.

Tja, sen tog de mig hit. Först låg jag verkligen i koma. Men när jag vaknade upp ur den insåg jag att det var bäst att spela medvetslös tills jag var så pass frisk att jag kunde ta mig härifrån. Det var ju det enklaste sättet att slippa svara på deras frågor.

De blir avbrutna av att Mickes mobil ringer. Han svarar, nickar, säger "jaha" och "vad bra" och "bra, alldeles utmärkt".

– Goda nyheter, säger han sedan och stoppar ner mobiltelefonen i fickan. Freddie, din helikopter är här. De har fått upp båten. Och, tillägger han och ser finurlig ut, de har sytt in Bergerstrand.

Innan någon i rummet ens hunnit reagera över de goda nyheterna knackar det på dörren.

– Det är nog sjuktransporten, säger Micke och öppnar.

Men det är ingen sjuktransport. Utanför står Joey.

– Det är nån här som gärna vill träffa Freddie, säger han.

Och i nästa sekund kastar sig en uppsluppen boxer in i rummet och upp i Freddies säng.

– Fredag, säger hon och lägger den arm som inte är kopplad till droppet om honom. Min älskade lilla Fredag.

21. De följer med Freddie till helikoptern, och trots sjukvårdarnas och läkarens protester lyckas hon övertala dem att få ta Fredag med sig.

– Sköt om dig och bli frisk nu, säger Micke.

Freddie ler med hela ansiktet.

– Det kan du lita på. Du får väl ta hand om våra unga privatdetektiver. Och se till att de inte kastar sig in i fler halsbrytande äventyr.

Hon höjer ena ögonbrynet.

– Jag ska göra vad jag kan för att försöka hålla dem i schack, lovar Micke.

Sedan stänger en av sjukvårdarna dörren till helikoptern. Gilbert, Linn, Joey och Micke står kvar och vinkar tills den försvinner utom synhåll.

– Nej, hör ni ni, säger Micke. Vad sägs om ett bad?

Ingen av de andra har något som helst att invända mot det.

De åker raka vägen till snäckstranden och där ute i vågorna hoppar, simmar och vinkar Gilberts mamma, Gerda och Mia och Tobbe.

– Vad väntar vi på? undrar Joey, sliter av sig tröjan

och kastar sig i vattnet. Och Linn som påpassligt nog har bikinin på sig under kläderna följer honom tätt i hälarna.

Men innan Gilbert ens har börjat ta av sig sin tröja tar Micke tag i hans ena arm.

– Gilbert, säger han lågt. Det är en sak som jag skulle vilja prata med dig om ifall du orkar?

– Visst, säger han, och så sätter de sig i sanden.

– Jag har varit gift en gång i tiden, börjar Micke. Gilbert nickar.

– Jag vet.

– Hon hette Magdalena och jag älskade henne väldigt mycket. Jag älskar henne fortfarande på det sättet man kan älska nån som inte finns med oss längre.

Gilbert nickar igen. För han vet precis vad det vill säga.

– Vi väntade barn, fortsätter Micke. Vi hade inte berättat det för nån eftersom Magdalena ville vänta till efter tredje månaden. Fram till dess finns det fortfarande en viss risk för missfall. Men så kom den där morgonen. Vi hade bråkat. Jag var rätt sur och Magdalena var ännu argare. Jag hade bråttom iväg till jobbet, men eftersom hon kände sig krasslig och hade väldigt lågt blodtryck erbjöd jag mig att stanna hemma.

Kanske tog hon det som om jag inte menade det eller så orkade hon helt enkelt inte ha mig hemma just då, för hon sa bara "nej" och "jag klarar mig", och sen mer eller mindre föste hon ut mig genom dörren. Jag hade ångest hela dagen och när jag kom hem ...

Han avbryter sig och tittar ner i sanden.

– När jag kom hem hade hon ramlat nerför trappan, säger han med grumlig röst. Det fanns ingenting att göra.

Gilbert stryker honom lite fumligt över armen.

– Och Kim fick jag aldrig träffa, säger Micke. Han eller hon skulle ha varit i din ålder nu ...

Gilbert får en konstig känsla i magen.

– Kim, säger han.

– Vi kallade den lilla för Kim eftersom vi inte visste om det var en flicka eller pojke, förklarar Micke. Kim kan ju båda heta.

Micke plockar lite med en snäcka han hittat i sanden medan Gilbert försöker samla sig. Det var ju Kim barnet i hans dröm hette.

– Gilbert, säger Micke. Jag ville att du skulle veta hur det gick till så att du inte behöver undra. Det är inte så att jag kan eller ens vill vara din pappa. Men om vi i alla fall kunde försöka ... komma överens.

– Det är klart! säger Gilbert och han menar det. Och du, Micke, tack för att du berättade.

– Tack för att du lyssnade, säger Micke och reser sig upp ur sanden. Nu står jag nog dessvärre inför en rejäl dust med din mor.

– Vadå? frågar Gilbert. Är ni osams?

Micke skakar på huvudet.

– Nej, svarar han. Men jag kommer nog att få på skallen för att jag tog med er på den här resan. Och det är inte mer än rätt. Det var himla oansvarigt, men jag var så rädd att förlora henne.

– Vad menar du? undrar Gilbert.

– Om jag hade sagt att ni inte fick följa med så hade hon nog inte velat träffa mig mer.

Gilbert nickar sakta. Micke har nog väldigt rätt där. Sedan ger han honom en lång kram.

– Lycka till, säger han.

Sedan går han ut i vattnet som är alldeles ljummet. Men han drar sig undan från de andra och vill varken vara med på kasta boll, snorkla eller trycka ner någons huvud under vatten.

– Men hur tråkig kan man vara? klagar Gerda och skvätter vatten på honom.

Men inte heller det bryr han sig om. Hela tiden

kastar han oroliga blickar på mamma och Micke på stranden. Och han ser på långt håll att Micke hade rätt. Mamma är arg. Mycket arg. Men det verkar inte heller som om Micke ger sig. De bara går där i vattenbrynet fram och tillbaka och fram och tillbaka, och efter en väldigt lång stund kramas de.

– Yes! säger Gilbert och blir nästan förvånad över sin reaktion.

För en vecka sedan hade han hoppats på motsatsen. Så kommer han plötsligt att tänka på Greta och rusar upp efter mobilen. Precis då börjar solen gå ner och han tittar ut över stranden. Där badar och plaskar Linn, Gerda, Joey, Tobbe och Mia fortfarande. Och mamma och Micke kommer gående emot honom en bit bort i strandkanten.

Gilbert torkar sig snabbt, sliter upp mobilen och tar en bild av dem. Han tittar på den och känner sig mycket nöjd. Den blev faktiskt riktigt bra. Han skriver inte ens något meddelande utan skickar bara iväg bilden till Greta som den är. Om någon förstår utan förklaring så är det hon.

När de badat klart och gjort sig i ordning för kvällen samlas de allihop, tillsammans med Joeys familj på restaurang Le Pirate. Eric är på strålande humör och erbjuder sig att göra både den ena och den andra av specialrätter.

– Linn ska få en fantastisk vegetarisk variant, ler han. Sedan böjer han sig över Gilbert och Linn. Fick ni tag i piraterna?

– Gud vad du är dum, säger Linn. Det fanns inga pirater och det visste du hela tiden!

– Det är klart att det finns pirater, säger Eric och blinkar åt dem. Det gäller bara att leta på rätt ställe.

När de går därifrån är alla så mätta att de nästan rullar fram. Men när de passerar Select bar och mamma föreslår en ananasjucie är det ingen som har något att invända. Och så sitter de där med sina ananasjuicer med sugrör och paraply i den varma natten med de kulörta lyktorna över huvudet, och stjärnorna verkar närmare än någonsin.

Gilbert suckar nöjt.

De har hittat Freddie och hon kommer att bli bra.

Båten med sitt farliga innehåll är upplockad utan att någon har kommit till skada.

Mr X är avslöjad och omhändertagen av polisen i Sverige.

Men kanske bäst av allt: Micke är ingen pirat.

Gilbert suckar igen. Skulle det kunna bli bättre? Så tittar han på Linn som sitter mitt emot honom. Jo, i och för sig. Om Linn inte hade varit så intresserad av Joey. Visserligen är han jättetrevlig, men i alla fall. Det kan inte hjälpas att det hugger lite i hjärtat.

Då lutar hon sig plötsligt emot honom och lägger något på bordet.

– Jag vet inte om du såg det här?

Gilbert tittar på fotografiet. Det föreställer ett hjärta ritat i sanden och det står L + G inuti.

Han tittar upp på henne och ler. Linn ler tillbaka.

Gilbert suckar för tredje gången. Nej, det skulle inte kunna bli bättre.